INSTRUCTIONS

Locate the given words in the grid, running in one of eight possible directions - horizontally, vertically, or diagonally

www.walesoncraic.com

England 13 - 17 Wales

Twickenham, 28th February 1970

England			Wales
15	Bob Hiller (c)	JPR Williams	15
14	John Novak	Stuart Watkins	14
13	John Spencer	John Dawes	13
12	David Duckham	Billy Raybould	12
11	Peter Hale	Ian Hall	11
10	Roger Shackleton	Barry John	10
9	Nigel Starmer-Smith	Gareth Edwards (c)	9
1	Stack Stevens	Denzel Edwards	1
2	John Pullin	Jeff Young	2
3	Keith Fairbrother	Barry Llewelyn	3
4	Mike Davis	Geoff Evans	4
5	Peter Larter	Delme Thomas	5
6	Tony Bucknall	Dai Morris	6
7	Bryan West	Dennis Hughes	7
8	Bob Taylor	Mervyn Davies	8

Replacements			Replacements
16	Chris Wardlow	Ray Hopkins	16
17	John Finlan	Grahame Hodgson	17
18	Malcolm Young	Phil Bennett	18
19	Barry Jackson	Derek Quinnell	19
20	Roger Harris	John Lloyd	20
21	Phil Hayward	Vic Perrins	21

Referee Calmet/Johnson (France/England)

Notes Robert Calmet, the French referee, had to leave the field at half time and was replaced by Johnny Johnson of England.

England 1970

```
F R F L S H V Y K S B C I P K F G O Y E G R Y Y C C B I L V
Q T V Q M N G F L R W X G E V A N S T D D K D R G D B Y O D
H K Q I A Y T H S J O H N D E G B H C A Y A T F Z I O K V N
F O W F I L L A N K C U B H U L R P R Y Z G K P B D P C S
D O X Y L E G C R J S D D N Z G Q U S U C L G B O I L G V D
K F H M L K O R Y D T Y J K H D L P U K K J O P D W O O V V
Z D T N I D H L R L X B C E C L A S K G U N Y R O G I N S K
S V M T W N A A Q X B V S O I A B W M S E I V A D L G O Q U
J A F F U L W V P I X E C N E H U R E C P Q P T J C J T P H
O C F Q E D U S I G V N A F H K P X A S E S E N B B L E K C
K P W F E S N J U S S A L V A Y I I X Y F J T D T D B L Z J
Q D B S T L W C N L C J M H S I R T H H B R T E W F H K H E
O L T H Q R X O H T N K E W N M R P P C O O H S V V Z C Z H
I D N Y L E W E L L Q G T P I M O B I Z E R U M J E T A R J
V A K O E X K P W T V F I P K X G R R W B S X L K B N H C F
S K Y W Q P C C O P Y X N P P K V P R O E I E L D N D S J J
S W D D Y D O F D O A D H R O S K L M I T S B W G K N Y O C
G M O N W R U U R T H L E E H F U F J Z S H T Y D D T D R R
K K N I R O C W X C Q T H J X P I B L E Q J E P B R Y W E U
B R D Z F K I F U R R U I K Y D E M P C T N O R R R L L O O
G R M U H L S F S A K W I A V H U S L Q U E H Z E D L K Z N
H R Y A L E M D N L B R C J Y K V W P C W C R B C M I C H F P
A H M I D P I P U O A O S A T E F D L E Q E N L H I D T D Z
L Z A G B K N R H A V Y D E G U Z S Y E H U K W Q X A A M
E M E E T E W M W N M O K T N O I O I B P A Y Q A Z A O I C
S J F A P V L Q S O N U S T A R M E R S M I T H K A T Z I C
G Y W B Q L G O H C J R M L H H R C B M L Z A J W M Q R K S
J B Q Z A D N T Q X I X X O R D H A D X W G V Z X Z T Q Q
R D W H U R C M U Z P Z J H Q U A D H F S A K W S F X J O X
Y O U N G Z R T S W V L O I F U M D C U L E U V Y D H B H X
```

BUCKNALL, CALMET, DAVIES, DAVIS, DAWES, DUCKHAM, WILLIAMS, EDWARDS, EVANS, FAIRBROTHER, HALE, HALL, HILLER, HOPKINS, HUGHES, JOHN, JOHNSON, WILLIAMS, LARTER, LLEWELYN, MORRIS, NOVAK, PULLIN, RAYBOULD, SHACKLETON, SPENCER, STARMERSMITH, STEVENS, TAYLOR, THOMAS, WATKINS, WEST, YOUNG

Scotland 18 - 19 Wales

Murrayfield, 6th February 1971

	Scotland	**Wales**	
15	Ian Smith	JPR Williams	15
14	Billy Steele	Gerald Davies	14
13	John Frame	John Dawes (c)	13
12	Chris Rea	Ian Hall	12
11	Alastair Biggar	John Bevan	11
10	Jock Turner	Barry John	10
9	Duncan Paterson	Gareth Edwards	9
1	Ian McLauchlan	Denzel Edwards	1
2	Frank Laidlaw	Jeff Young	2
3	Sandy Carmichael	Barry Llewelyn	3
4	Alastair McHarg	Mike Roberts	4
5	Gordon Brown	Delme Thomas	5
6	Nairn MacEwan	Dai Morris	6
7	Roger Arneil	John Taylor	7
8	Peter Brown (c)	Mervyn Davies	8

	Replacements	**Replacements**	
16	Ronnie Hannah	Phil Bennett	17
17	BM Summers	Ray Hopkins	18
18	Ian McCrae	John Lloyd	19
19	Bobby Clark	Norman Rees	20
20	Hamish Bryce	Derek Quinnell	21
21	Gordon Strachan		

Referee Titcomb (England)

Notes Lauded 'the greatest conversion since St Paul', John Taylor wrote his name in Welsh rugby folklore with a last-gasp kick to seal an epic 19-18 victory, en-route to the Grand Slam.

Scotland 1971

```
K H V Z E F D H Z I N N C Z V L P T Y N W H I H G B A G G J
E V E B D B G M K T X Z U M G N B T X M Z M Z I V Y K P E U
J H X L Q Q E P Z F V R H D M G K R C S A O K C N L W D W J
O P X N Q K O O V Z C J W J R G S H G K Z H Y H K Q R E I Y
L N D E H C G T L F W N N Y P O A L O K O A O F Z Y Q J L R
N Q I N M I F O L T Q T B M J R B S U F M J J Q P F L Z L C
P Y V Q B L R N R X U E R W G P O E Y D N G U Y M V Z D I Z
P S O Z Z M J E J R L N O L C S I R R O M W Z W S V Y J A K
V V Y S K U N J N E H N W J X A I K D T Q W O B W G Y L M E
Q U X M U I I E U J P Z X V R N U R S Y F R Y I R G S G
C T H R Y H R G A O G W F P K P U M M E X D Q M B D U Q H W
B H V Z H J D W W J F D V I Q F V E I A D Z X W T I J J L Q
G V F A B A Z L B E G Z Y F I C R V C C Q B L Z J A W L P
X T U M V M O O A O Q R D W Y A B D N M H E V N Z I F T S F
J O X I W U E A I I O C S N R D E K R Y C A W P Q K S A N Y
G R E E N M V E J W D I D F N H O Y V R L L E A G R W Y C K
K S X W J P P S C F A L R P K C X L A B E E A L N O R L B M
V X I K W O Y H D Q P C A J K P G E V L Q M W U Q V P O S H
B M K A S C A M C Y H W K W O Q Y I S V S E H E C M A R M K
G A M H O M F X Z L M L T G F O T N B J Y K D A L H M A D O
M D C T F L A I V Z T S V J U R U W T W S W L L L B F E
N F Y A Z N P I K T L Q B I E V R A B W G M T U A L K A G D
L N B K U A K S L H K P E V T S D Q I I D R M S R L W N Z
C K Y R V H Z W S L D V G K C D E A T Z X R O T E D E Z D
J Y Z J V A D O W H I W A M T R O V H W X U A K E Q A S K R
S O Y F R Y J B W O J W N P S A O M X V E P C R E Q Z Y V S
J G N U O Y D R O V X Z E U F G O V B C H S E W L G B Y K
N T H O M A S L T S V F P N J G E M A R F Q I Y E V G A Y B
A P A T E R S O N L V B V H Y I W C B V X T O O K A E R G A
J K A Z I J Q S S Z W T H G I B P R C W N J H U A F Y A U J
```

ARNIEL, BEVAN, BIGGAR, BROWN, BROWN, CARMICHAEL, DAVIES, DAVIES, DAWES, EDWARDS, FRAME, HALL, JOHN, LAIDLAW, LLEWELYN, MACEWAN, MCHARG, MCLAUCHLAN, MORRIS, PATERSON, REA, ROBERTS, SMITH, STEELE, TAYLOR, THOMAS, TITCOMB, TURNER, WILLIAMS, WILLIAMS, YOUNG

Wales 32 - 4 Ireland

Cardiff, 15th March 1975

Wales			Ireland	
15	JPR Williams		Anthony Ensor	15
14	Gerald Davies		Tom Grace	14
13	Roy Bergiers		Dick Milliken	13
12	Ray Gravell		Mike Gibson	12
11	John Williams		Arthur McMaster	11
10	Phil Bennett		Billy McCombe	10
9	Gareth Edwards		John Moloney	9
1	Charlie Faulkner		Ray McLoughlin	1
2	Bobby Windsor		Ken Kennedy	2
3	Graham Price		Roger Clegg	3
4	Allan Martin		Willie-John McBride (c)	4
5	Geoff Wheel		Moss Keane	5
6	Terry Cobner		Michael Sherry	6
7	Trefor Evans		Fergus Slattery	7
8	Mervyn Davies (c)		Willie Duggan	8

Replacements / Replacements

	Wales		Ireland	
16	Roger Blyth		Paddy Agnew	16
17	Bernie Thomas		Harold Steele	17
18	Clive Shell		Michael Quinn	18
19	Barry Llewelyn		Donal Canniffe	19
20	Shunto Thomas		Pa Wheelan	20
21	Mike Roberts		Christopher McKibbin	21

Referee Saint-Guilhem (France)

Notes The game between Scotland and Wales that year attracted a world record rugby attendance of 104,000 fans.

Ireland 1975

```
D J W C Y B M L R E N K L U A F X I N I A S C W K R J T K R
B S A D M Z D K E A N E L P P H T H U L H S V R H G W L E H
E E D U E E U D R K X Q E C P B F G J S U D Y H G E H K N Q
H M E Q H R G M G S N F X G K W N L V M M Y E I E W E N V
H Y X O L W G R E N B O C I G V N L H E C C L Y I D Q L E D
V C B M I G A E W N Z E C I I U E W J Z P C L D Z U E M D K
W J T U U Z N Q B F S K T N T V N T W D U Z E T K F S W Y L
S H I F G D C Q E S Z X K D A M Y O F L H T L W H P G U K U
E P J V T J S O Y K C G J R X E B V M A R T I N A W C X W E
I V C H N O Z J F O U X G D N V E W S A A V I N C N M Z Q L
V S E V I M E Y J Q O S H O F M H Y L E M A F B C D S S U T
A H Q W A M Z Y X P I J L R U O C H D W I J Z I O G X O Z Z
D E G G S S G X Z I O O E Y T W A C D A D X D C T V D N H R
A R I G M O G J H H M D P M O E S M O B L H Z I G D R Y N
D R S E T T Y S D D W Q K O M R X X M M N R U V I M Z W M T
F Y C W X W B V G A U S Q S S Z R M S P B D W W C U E G X V
J E D C D I D R R T D S L A Y A T R O P S E S B F U G Y S Q
Y R J K Y N N D F Y A S W V J R W Z S G R J R X M A X E E J
P D R H W D S R T Z C R V C J F E D E W E I Q I Q G F I I N
E N Y U E S B N E K J E C K F R U T G F D X S G U S W F V N
U X Q M H O E M S K T I Q L O T V T T E L K Y M V R N O A C
C Y U Z F R N X A X V G E C A R G S F A K O R I A V P X D I
D N Q K W A N G R I A R S P S P M E H T L N Z Q X I B F E T
T Z I P Z F E E E N P E M I L L I K E N P S S W T W L F X A
O F M C R E T S C T K B I U B Q C X G A K V O U E A X L B C
Y V H U U G T F I K K C S C S I D S L W L U M S I D W T I B
G I B S O N G R R O U M O Z X H A P S I F U N T Q D M T W W
C Y E N S O R Q P S F H H X R S G W J Z T E N T Y R M H J V H
V K I L E L X G E Q X F E B B Z B N J T W I L L I A M S S
M C L O U G H L I N Z M H J R E T S A M C M G Q J Q L K E F
```

BENNETT, BERGIERS, CLEGG, COBNER, DAVIES, DAVIES, DUGGAN, EDWARDS, ENSOR, EVANS, FAULKNER, GIBSON, GRACE, GRAVELL, KEANE, KENNEDY, MARTIN, MCBRIDE, MCCOMBE, MCLOUGHLIN, MCMASTER, MILLIKEN, MOLONEY, PRICE, SAINTGUILHEM, SHERRY, SLATTERY, WHEEL, WILLIAMS, WILLIAMS, WINDSOR

England 9 - 21 Wales

Twickenham, 17th January 1976

England			Wales	
15	Alastair Hignell		JPR Williams	15
14	Peter Squires		Gerald Davies	14
13	Andy Maxwell		Ray Gravell	13
12	David Cooke		Steve Fenwick	12
11	David Duckham		John Williams	11
10	Martin Cooper		Phil Bennett	10
9	Mike Lampkowski		Gareth Edwards	9
1	Fran Cotton		Charlie Faulkner	1
2	Peter Wheeler		Bobby Windsor	2
3	Mike Burton		Graham Price	3
4	Bill Beaumont		Allan Martin	4
5	Bob Wilkinson		Geoff Wheel	5
6	Mark Keyworth		Terry Cobner	6
7	Tony Neary (c)		Trefor Evans	7
8	Andy Ripley		Mervyn Davies (c)	8

Replacements

16	Peter Preece		Roy Bergiers	16
17	Alan Old		Gareth Davies	17
18	Steve Smith		Brynmor Williams	18
19	Barry Nelmes		Mike Knill	19
20	John Pullin		Shunto Thomas	20
21	Peter Dixon		Derek Quinnell	21

Referee Domercq (France)

Notes Wales won their 7th title, with a Grand Slam, and the Triple Crown this year.

England 1976

```
N S B R I P L E Y J O U Q R W W N K O P N H V Y C N X F E F
M D L M F T B Y C P A D H W H E V J L P A V U I V Z N V S M
A R I S G P E W K Y D P O D L I L G H E H A I L O R H E Z M
R A Y Y Q I A U Q C D Q Y M L U G N X R H J L R M E Q G B B
T W O I I C U J X H I A R U E F P N B N B B X N F N L W I P
I D V I E Z M U M D D V W S U R N X E D C L T O V B A W M D
N E O K C O O P E R T L N I S X C D D L K O R S D O F R J H
M B W A X B N A R Z B R J E E Z E Q C R L L A N C C L F Y Z
I Z U H B B T P Q S S D G B F S B Y O V M Z F I D N N G I K
S K D D E L K F U K S O I E G O P H O X M G J K U S C S T H
G O S L U E E W O Y O S O N Y F N J N I P A N L B U R T O N
V U D W T S L E D M Q Q O N R P I E E U T D Y I B M A H H H
Y B E M O N K E H M A V F E P V W I X S L T B W H L F L Z P
G X U A G K V Q R W A X C T K E Q C F X O M V Y B F Z I E D
W N L S W H P F L X U A W T V N U W X C U T S E V M I V O K
A T F R L I T M H J E L Y E C R J L B J C O N M X A A L H X
M M U D D D N A A R C N W M L R E F D Q L N R N U N M N T X
V S S S A Q N D J L I Q W U A L C H Z R J N L E S V Q X M I
C O L U M V K M S O R I O K M Q R G Q U N I L P Y S B H Q A
L X D A X A I Z C O P P R F C A S C K Q E S E U G V G A O A
M T U S L U I E F Y R T S F G X T O E Y E K V N T R E U N U
U P C F U Z J L S Q U I R E S F X O D N W C A A O E C O E F
I I K A A U J O L F B Z D M E J P K A X T S R D L Q T K R G
J E H Z A H K O A I D B G W F X V E H O P Y G X C T M C C T
F B A V N D Z U P M W H O R V B X Y A V S X A Q O J Y F Y O
K B M N K H L C W H T R O W Y E K Q W D U X J C O S J N J K
F K B K D K K S S L Y A J J F O O C F A E Z G O R R J J Y
E U D P N D F C H V C D I Q L Q R E U S G Q B F M B V Y C H
K U B E Y G U U K Q M J N D Y C C U G D N E A R Y L Q Q S
L C R S H G U F I S J F S M M S R L V N W I L L I A M S P J
```

BEAUMONT, BENNETT, BURTON, COBNER, COOKE, COOPER, COTTON, DAVIES, DAVIES, DOMERCQ, DUCKHAM, EDWARDS, EVANS, FAULKNER, FENWICK, GRAVELL, HIGNELL, KEYWORTH, LAMPKOWSKI, MARTIN, MAXWELL, NEARY, PRICE, RIPLEY, SQUIRES, WHEEL, WHEELER, WILKINSON, WILLIAMS, WILLIAMS, WINDSOR

England 6 - 9 Wales

Twickenham, 4th February 1978

England			Wales	
15	Alastair Hignell		JPR Williams	15
14	Peter Squires		Gerald Davies	14
13	Barry Corless		Ray Gravell	13
12	Paul Dodge		Steve Fenwick	12
11	Mike Slemen		John Williams	11
10	John Horton		Phil Bennett (c)	10
9	Malcolm Young		Gareth Edwards	9
1	Barry Nelmes		Charlie Faulkner	1
2	Peter Wheeler		Bobby Windsor	2
3	Mike Burton		Graham Price	3
4	Bill Beaumont (c)		Allan Martin	4
5	Nigel Horton		Geoff Wheel	5
6	Bob Mordell		Terry Cobner	6
7	Mike Rafter		Trefor Evans	7
8	John Scott		Derek Quinnell	8

Replacements

16	Geoff Evans		Gareth Evans	16
17	Alan Old		John Bevan	17
18	Ian Orum		Brynmor Williams	18
19	Jon Raphael		John Richardson	19
20	Colin White		Mike Watkins	20
21	Maurice Colclough		Trefor Evans	21

Referee Sanson (Scotland)

Notes Wales won the Triple Crown for the third consecutive time, a record, given no other team had ever won the Triple Crown more than twice in a row.

England 1978

```
L U N D B Z U Y O U N G N R J Z N A W O U P M I Y K V N Q M
F R J Z N O T R U B M C N Y Q X I Z U M F R K A A V T Q G E
L E L X K J L L L E N N I U Q M S I D C S E G S R M U F O H
E A V O Z S Q F F E N W I C K U S I A A N T Q P K T C G Q G
L I L U N O T R O H F P G Q U L Z E V A R F F O Q C I F U W
A W Y T R R Z T N O M U A E B L L F I U E A Y W V O N N Q G
O B M W W N O R I G L N D F C Y L M E M G R L T Z F J B N S
U S R V W J E H N U B E T U E V Y E S O A G K R B S F Y L E
R W M S D P X J R R I L F I V A M S N X Y K Q K R N M R B P
M F M C N R P B Y C A M X G I F L F D G X S E S I Y I A G I
N J F M V I T I F E C E O X L M W R O Q I Q Y B D K M C X K
K P T W R V F K H V P S E F H G R K H Y B H G T Y T F D R X
X G P K P E S X G K R L Y E V O U I P W P T Q K E N M M
H V T Y K O W Q I I R Z T A U W I L L I A M S E E Q Z V H U
U P O L F A W Y B T A U L X R S H B W Y N K R N S E I P S B
D H V L H A J V J O V H X G S G S L G L D W G N X I D O Y B
S U O J X Z I L E E H W P W R E N K L U A F E N S I S X P
P S Y C V W C R W S L A T T H V U Q S K C C R B C L S U Z U
P Z W G Y L P R X Z L N D Q F B O M X T U H V C Q H W R E I
D B H O O D Q J R N G O I H E B A I S Z S A N S O N D C P I
S V E J T N R V A V D R I X S I Z D T F I H Z A I S I T J H
S R E J K W W L G H S B Q L S P F G G W T D R S O V R
E O L X N F O R E T G L D L H A E Z B P H N K U P J R N S E
R S E X L U C U M W Q T I R W B K L J G P O I L N E M E L S
I D R C L C O B N E R W U D Q R E D R Q R R R N T X O M N P
U N S V E V E C O K L F E H L H P I I O E J Y T W T R R K S
Q I F U D U J C D T P M N S T D M J N P C K O B O V D X K U
S W E E R L B B K Q U A W U R D D L H C G C P O C N Y R Q T
S E F I O T N R F C B N O X U H R S X X Z R C C E K O
C W S E M F Z D M O Q U X L H U D L Y I K O I I B Z J K F D
```

BEAUMONT, BENNETT, BURTON, COBNER, CORLESS, DAVIES, DODGE, EDWARDS, FAULKNER, FENWICK, GRAVELL, HIGNELL, HORTON, HORTON, MARTIN, MORDELL, NELMES, PRICE, QUINNELL, RAFTER, SANSON, SCOTT, SLEMEN, SQUIRE, SQUIRES, WHEEL, WHEELER, WILLIAMS, WILLIAMS, WINDSOR, YOUNG

Australia 21 - 22 Wales

Rotorua, 18th June 1987

Australia			**Wales**	
15	Andrew Leeds		Paul Thorburn	15
14	Peter Grigg		Ieuan Evans	14
13	Matthew Burke		John Devereux	13
12	Andrew Slack (c)		Mark Ring	12
11	David Campese		Adrian Hadley	11
10	Michael Lynagh		Jonathan Davies	10
9	Brian Smith		Robert Jones	9
1	Cameron Lillicrap		Anthony Buchanan	1
2	Tom Lawton		Alan Phillips	2
3	Andy McIntyre		Steve Blackmore	3
4	Steve Cutler		Dick Moriarty (c)	4
5	Troy Coker		Steve Sutton	5
6	Simon Poidevin		Gareth Roberts	6
7	David Codey		Richard Webster	7
8	Steve Tuynman		Paul Moriarty	8

Replacements (Wales)

Malcolm Dacey	16
Ray Giles	17
Kevin Hopkins	18
Dai Young	19
Kevin Phillips	20
Phil Davies	21

Replacements (Australia)

16	Nick Farr-Jones
17	Topo Rodriguez
18	Mark McBain
19	Anthony Herbert
20	Steve James
21	Ross Reynolds

Referee Howard (England)

Notes Welsh centre Adrian Hadley touched down with seconds remaining on the clock in this Rugby World Cup third-place play-off but Wales still needed the conversion to nudge into the lead. Paul Thorburn stepped up to nail the tricky touchline conversion. Australian flanker David Codey also became the first Australian to be sent off in a Test match during the game.

Australia 1987

```
N T S T J O N E S E I H Z H A C Z Z C S U A B I H K M Z C P
M K B H Y L Y P E Z G W M J O R Z H Y M C H C U U I Y S O H
S V R O H Y D C R G M O B Z S R G Q B K J V G A O U C I D I
G L R R S G E R Y T N I C M O A M U X S F G B P M L Q D G L
E D O B X S Q V R R E H C L N K R E D T G R I W L P U D R L
F X P U M M X S J E I I G Y K K S E V S V M C L L C E G K I
K J X R N I T E W C E W L V E C J W M A O A L I Q T R S F P
K H C N N Z B D W K S E V A N S A Y Q M P Q P A U I U B E S
L S G W X V S R B L L W K Z V L J T B G F I Z I V M E Q
V E I J B B T Z O Z Y T R F G X X E S T Z R G I U C Y A T Y
V L I X R J E W Y T G Q P L V R L W Q I N O P W S X J N Y M
O X X L Q K I E W Y R V B T N W T M B U O E H E X K P R G W
Z B N I Y A L R F H R S A V K P Y W S T A D I F Q O P F N N
C A Y T L D L I L L I C R A P W T Z P L B V Z E I L I D W N
X P N A A C G K D H E X T B Z B U D C I A C R D N X S N M D
A I P H J L F P Z O G N X O R K D P B D I D E Z J U I N I A
Q E X N R J N F P L Y O Z J H I B R K H P V H A T N T V Q W
M H J S H L A J D V G T G P Z S E U T U I C D T R E R E A S
X Q C C N E M X Y I R W I O A L V Y A N M K O M S M I T H G
M F M Z D R N U X T W A Y T W D N U W E N A S B L A G B V
V B Q U D O Y E K C R L Y U R R C O D E Y D P D U V I E G S
Z U R H F M U R L K T A C M A A L S T O U C E E C C O W D B
C C O N I K T E G U L D I W C B A W Y V T Q J E F S U Z K I
O H B F T C X V G P S Q O R Y Q J U T W T Y M L A B D H M E
K A E S S A V E I E V H K Q O I O E R G I G I X U B H Z S O
E N R Q N L W D R T R V K A U M H D A I X P F K F Z N L J E
R A T T P B B Y G J P Z K V U Q Y O I D J K V Q E H G G S A
G N S C D I N Y I H H U B Y D A L Q R W E B S T E R Z N D W
O X M E L N C X Y E G S B M S S K N O W Q H I M X S Y Y I N
X J K G Z O I W J E G U Q J K N H W M C G I U P M K D N Y R
```

BLACKMORE, BUCHANAN, BURKE, CAMPESE, CODEY, COKER, CUTLER, DAVIES, DEVEREUX, EVANS, GRIGG, HADLEY, HOWARD, JONES, LAWTON, LEEDS, LILLICRAP, LYNAGH, MCINTYRE, MORIARTY, MORIARTY, PHILLIPS, POIDEVIN, RING, ROBERTS, SLACK, SMITH, SUTTON, THORBURN, TUYNMAN, WEBSTER

Wales 25 - 20 Scotland

Cardiff, 20th February 1988

Wales		Scotland	
15	Paul Thorburn	Gavin Hastings	15
14	Ieuan Evans	Matt Duncan	14
13	Mark Ring	Alan Tait	13
12	Bleddyn Bowen (c)	Scott Hastings	12
11	Adrian Hadley	Iwan Tukalo	11
10	Jonathan Davies	Andrew Ker	10
9	Robert Jones	Roy Laidlaw	9
1	Staff Jones	David Sole	1
2	Ian Watkins	Gary Callander (c)	2
3	Dai Young	Norrie Rowan	3
4	Phil May	Alister Campbell	4
5	Bob Norster	Damian Cronin	5
6	Rowland Phillips	John Jeffrey	6
7	Richie Collins	Finlay Calder	7
8	Paul Moriarty	Derek White	8

Replacements		Replacements	
16	Jeremy Pugh	Alex Brewster	16
17	Glen Webbe	Kenny Milne	17
18	Mike Hall	Iain Paxton	18
19	Jonathan Griffiths	Greig Oliver	19
20	Kevin Phillips	Lindsay Renwick	20
21	Mark Jones	Peter Dods	21

Referee Bressy (France)

Notes Scotland were leading the game at half-time but an improvised reverse pass from Robert Jones found Jonathan Davies, who put in a grubber kick. He chased the ball, leaving Scottish defenders in his wake and scored. Ieuan Evans scored a second try after Mark Ring had picked up a pass from his shoelaces.

Scotland 1988

```
T Z L S N I L L O C K Z O C W U J W T Y O G P E X L L R E C
R F O T N B W D V A B T B B H C J O M G V T F H T K D V H K
O T I S I Y F T M I H O Q E H B H I L P T L T Z I P B A D H
G D S J Q S C T U W K D U Q E T W Y T F I B K K L S T R W
N C Q A U B R W W E G P R B P K T Y V V M F A I E T L X D H
N K L B Y W I X N M Q D L L B R L M Z Z Z P N T I H P I C P
L V O Z Z M G R N L R T U N V Z D Y Z C S V N R K G C P I
Q U V L O R W E Z H Q B W N H B J W Y F A A G Q S A G C K S
X E W H N B V K P O R T Y T C Y G A G O M S G G X V P N O F
O N K Y E J A M H W O I C V H A O T H W P P C M D R Z K C F
U M R L S K Y J G K L I N Q Z G N K T B B Q D Z A G R M Q
Q P E M N C D M E F A X K G Z X J I U S E Z H S Q N O A Y F
G V T T T W J J Y K K I I U I O R N J M L T W W W V R W
Y R Y W X D J X A G U Z J T A C V S L A L G O Y I M K X I X
W I X M T U M O O W T L W D U Q A G P U U E L N S A T T M W
I V I X S A X Q K C A K F K K T B L N P Q U D J B F O F G D
J W F Y M O R I A R T Y K R M X J D R K I T B R B X U J P
Y H H G P Y Y L F E Q R A N P J H X D E U D A M N C J O S
J I N U T J N E T D X R W A L D I A L I R A M W G Q M R N N
Z T V Q J D E S Q Z T Y O R N I F R I U H S M Z Q C O N E K
I E G N U O Y Y E R F F E J V C A L L A N D E R N L E D S K
T Y M S S O F W V A Z H J D T B L U E O S X L C V T Y Y R
J L N A W O R W T B F W H P E N Q O I W L X A A H K H E F
E F M H C C H S C N O Z E O H G L V O L H M C N O T B T V A
E M C V I D O L K M Q Z Y X H A H J Q N A R S R N R S Y J S
Z E P E L L S X D U Q Y E L D A H C W Y D O B E E R F W A B
I R M S E W A X X K R W N D F C T Z R F U U K S O G B O P G
G S G N I T S A H F E A E T J C J Z J E R U S N Q C H Z G
R Y S M S E I V A D H T W B U I J N E Y R Z X X Q A V T
Q H M X L M U K F P I N I M D N M S U H J Q C K J V Y I H G
```

BOWEN, BRESSY, CALDER, CALLANDER, CAMPBELL, COLLINS, CRONIN, DAVIES, DUNCAN, EVANS, HADLEY, HASTINGS, HASTINGS, JEFFREY, JONES, JONES, KER, LAIDLAW, MAY, MORIARTY, NORSTER, PHILLIPS, RING, ROWAN, SOLE, TAIT, THORBURN, TUKALO, WATKINS, WHITE, YOUNG

Wales 10 - 9 England

Cardiff, 6ᵗʰ February 1993

	Wales	**England**	
15	Mike Rayer	Jon Webb	15
14	Ieuan Evans (c)	Ian Hunter	14
13	Mike Hall	Will Carling (c)	13
12	Scott Gibbs	Jerry Guscott	12
11	Wayne Proctor	Rory Underwood	11
10	Neil Jenkins	Rob Andrew	10
9	Robert Jones	Dewi Morris	9
1	Ricky Evans	Jason Leonard	1
2	Nigel Meek	Brian Moore	2
3	Hugh Williams-Jones	Jeff Probyn	3
4	Gareth Llewellyn	Martin Bayfield	4
5	Tony Copsey	Wade Dooley	5
6	Emyr Lewis	Mike Teague	6
7	Richard Webster	Peter Winterbottom	7
8	Stuart Davies	Ben Clarke	8

	Replacements	**Replacements**	
16	Rupert Moon	Phil de Glanville	16
17	Tony Clement	Stuart Barnes	17
18	Andrew Lamerton	Steve Bates	18
19	John Davies	Victor Ubogu	19
20	Alan Reynolds	John Olver	20
21	Paul Kawulok	Dean Richards	21

Referee Dume (France)

Notes Wales wing Ieuan Evans scored the only try of the game after chasing a chip kick from Emyr Lewis. Perhaps the only person in the stadium not to see the danger from the kick was England wing Rory Underwood, who was beaten in the ensuing foot race to the try line by Evans.

England 1993

```
O K V B V Z W E U M C D G T K O G G I Q Q M L Q S N A V E Z
K T J N N T I M M U E I T A N S D S V P L P J H W X U J I
P Y O X M U L S W M O O V U V M Z H Z P Q A E V A N S K V W
E E H M E L L U E P N T U C A X B L D Z K N B C E X I R W G
U G Z J E M I S W U X O T U P J T O Z Y Q Y O J X O K Q J M
T P I Y K Y A E D L C W L O E J O T V G O E V D A D L P F W
Y X M B N G M B X C T Y E N B L W F G H G O K S W L K J
D B J O B L S U B Q O V K W E R E S P R T T O C S U G U D R
O U R F W S J F Y X W I F D K E N Y W O A M L W E G A E M
O G W M E W O L R L R N R T X O J Q T Y S Z O Y J C W V T W E
W I Z I M M N R D S U M Q Y S V C N N L E D M K K I P W G N
R R C H U W E J F Y J D Z G S T S R O I L I A U E G I X X U
E J F Q C N S U P L R N H C L P A L B Y W E P S L X Q Q J Y
D O H V Y G U N L P R J J Y B L W E A D H W N K K D L W V
N U S N O T R G B V S H W F M W J O C E P C V E C J J S N T
U P I N N L C W S L O P L Z Z M W N R R N D D L L O U N I M
B R R G F C V O R J F T A J A W M A H H Z L P K N L J V X V
S K R L M H K S B A D T Z K M Z E R H D E Y T E L B F B J F
G C O S Q K K W W G Y I E L V E Y D P I I G S K B F D P J F
J C M A T P K N H W Q E N M U B E O F S L I O B T T I P O Z
P A Z D T Z A F R I W J R B Z A C Y R T O Q E E F F O R Z J
F R J V C G W A K M Q G D X Z S A J Y C N W A Q H E Z O U T
O X O L W U C A R L I N G X X B I U Y M F G C M R P L B U B
K Q Q C T G L L N J X S Q A J B E W S H U L L B L E C Y L Q
Z F Y R T J S I E A N D R E W I J X E E D L A P G F X N L B
I N E I N O A A F G O Y Z G P G C L L L S D R L C B R L L N
H C S G C T R T C T N W D N O S Z H Y B S I K S O V A J X Y
G U P A F H M Q N L B E O Z B T Y R J Y N Y E U H H J X Z C
A I O B M H L H A C E D X X O K C L L A K J B R J T M U S Z
N I C C R N G X M S Z R R E T N U H K E R B U R E T S B E W
```

ANDREW, BAYFIELD, CARLING, CLARKE, COPSEY, DAVIES, DOOLEY, DUME, EVANS, EVANS, GIBBS, GUSCOTT, HALL, HUNTER, JENKINS, JONES, LEONARD, LEWIS, LLEWELLYN, MEEK, MOORE, MORRIS, PROBYN, PROCTOR, RAYER, TEAGUE, UNDERWOOD, WEBB, WEBSTER, WILLIAMSJONES, WINTERBOTTOM

France 33 - 34 Wales

Stade de France, 6th March 1999

	France	Wales	
15	Emile Ntamack	Shane Howarth	15
14	Philippe Bernat-Salles	Matthew Robinson	14
13	Franck Comba	Mark Taylor	13
12	Richard Dourthe	Scott Gibbs	12
11	Thomas Lombard	Dafydd James	11
10	Thomas Castaignede	Neil Jenkins	10
9	Philippe Carbonneau	Rob Howley (c)	9
1	Christian Califano	Peter Rogers	1
2	Raphael Ibanez (c)	Garin Jenkins	2
3	Franck Tournaire	Ben Evans	3
4	Olivier Brouzet	Craig Quinnell	4
5	Fabien Pelous	Chris Wyatt	5
6	Philippe Benetton	Colin Charvis	6
7	Marc Raynaud	Brett Sinkinson	7
8	Thomas Lievremont	Scott Quinnell	8

Replacements

16	David Aucagne	Gareth Thomas	16
17	Sylvain Marconnet	Andrew Lewis	17
18	Xavier Garbajosa	David Llewellyn	18
19	Richard Castel	Mike Voyle	19
20	Marc dal Maso	John Davies	20
21	David Auradou	Kevin Morgan	21
22	Christophe Laussucq	Barry Williams	22

Referee Fleming (Scotland)

Notes It had been 24 years since Wales had last beaten France in Paris. In fact, France had beaten Wales 51-0 the previous year but with new coach Graham Henry in charge, this win was the start of a ten-match winning streak.

France 1999

```
X B F I Z A I M G R R H B Q B Z S N I K N E J W L G J Z I E
M G R B G C Y A N O H E C K K K D S H T C I L G Q E V R P D
B M C O Z X N A J G N S V J G Y I Z A T Y R M T V A S F A K
I P F I U A W S H E T P U W B K L Q Z A H W A I T S K S C Z
M W W L S Z Y O T R O Q Q F C H U D B Y E K N Z G P F F T F
M T G H E Y E T T S U U J M X W E Z W D U A N Y A R G E O
N N H X C M O T I S L H U D X C R R C U M N O W E Z P Y D R
S A I Q C N I N T A M A C K J N E L A J M Y M K O K V S A W
L V B S D B H N D R W P T M A D S B E Y U J V B H G N O E U
I A X M U L N X G W T W T O U X P R A D T R Z G I I V J R
S R L K O O A R H V E P S G F I Z Y L A V W V Q K F M Y N S
Y L Z Z C C L C I W G A R Y O G L O M B A R D N G Y T C A I
I F U V A V O E W Z L Y B V K P V B F T E T E C P W Z U X K
M H I M R R Y D P L M K M R N L F L E H R J F O Y N B Q Q D
G U H G B E V U E N B L Q F S Y V V T F E J R F U M M X T O
F L O Z O D H S K S U Z H N R K O Z P X S Y A E B C L O R P
T L Z K N D O U R T H E A T T N O M E R V E I L N Q U N N Z
O E N Q N L O O D K F V I L R J E O K T Q Z E W I R T O Q H
P N Z Q E R J S Q I E I J U O A W F E G G U J P N E T L N A
P N F P A P D S Y S I J T P T R W D W I H W I A K U J C O V
B I V X U L A W A T J S P R S J E O B M F M I N W E A Z S V
P U A Q L B A E J F K R R W A N B H W J R Y N N P X T N K
N Q S B O W J N S O O T C F G K S N H L E L E X S E F U I P
L L M H Q J D I W B O A M I R L Z A N X T O L U E L L J K O
N F R F A X V W I S L Y A E T O S E Z C W B W Q M M Y L N I
I N J R E R T N D I S T K R M W L N N Q P C O M A C C L I I
M B Z N A C S U F I S Q F V K W C Y S A L O H Z J V A S K
J A E H W O L A H A P N Z C L E L H A A B U C G E M V A N P
J T C L N X M C S J Z P S F Z H G L E R T W I V T W Y L L U D
F H K Z S O Z R D O M I E L G B D Y L T M P L E Y C J Z Z B
```

BENETTON, BERNATSALLES, BROUZET, CALIFANO, CARBONNEAU, CASTAIGNEDE, CHARVIS, COMBA, DOURTHE, EVANS, FLEMING, GIBBS, HOWARTH, HOWLEY, IBANEZ, JAMES, JENKINS, JENKINS, LIEVREMONT, LOMBARD, NTAMACK, PELOUS, QUINNELL, QUINNELL, RAYNAUD, ROBINSON, ROGERS, SINKINSON, TAYLOR, TOURNAIRE, WYATT

England 31 - 32 Wales

Wembley, 11th April 1999

England			Wales	
15	Matt Perry		Shane Howarth	15
14	Dan Luger		Gareth Thomas	14
13	Jonny Wilkinson		Mark Taylor	13
12	Barrie-Jon Mather		Scott Gibbs	12
11	Steve Hanley		Dafydd James	11
10	Mike Catt		Neil Jenkins	10
9	Matt Dawson		Rob Howley (c)	9
1	Jason Leonard		Peter Rogers	1
2	Richard Cockerill		Garin Jenkins	2
3	Darren Garforth		Ben Evans	3
4	Martin Johnson		Craig Quinnell	4
5	Tim Rodber		Chris Wyatt	5
6	Richard Hill		Colin Charvis	6
7	Neil Back		Brett Sinkinson	7
8	Lawrence Dallaglio (c)		Scott Quinnell	8

Replacements

			Replacements	
16	Victor Ubogu		Nick Walne	16
17	Tony Underwood		Dai Young	17
18	Austin Healey		Andrew Lewis	18
19	Nick Beal		Mike Voyle	19
20	Neil McCarthy		Neil Boobyer	20
21	Garath Archer		David Llewellyn	21
22	Martin Corry		Barry Williams	22

Referee Watson (South Africa)

Notes England were heavy favourites to win the game and claim both the tournament title and Grand Slam. But as the game entered injury time with England ahead, Wales centre Scott Gibbs burst through the English line to touch down and score.

Passing the ball to Neil Jenkins, who had to kick the conversion to put Wales ahead, Gibbs told Jenkins to '...just kick the f**king thing'.

England 1999

```
X D T U C N C F D P F D L W Q O N O S N I K N I S Q Y P Y H
K K M P G E H A B X S Q W L Q X Z Z B R W D O J U V S B A A
K S H L D L B D X L U I U A E D M Z K E I H J Q K V J W L S
F R F Z Z L I F N P T W D T O N M L E H O S I V R A H C A I
A H O W L E Y D A D A Q Q C H L N I Q U I N N E L L U M B M
X S W I L K I N S O N Y H X G D I I Q X L S Y V L K O U F N
X X S S R D O Q L Q L X E C D U Y B U J G G G C R C H E E Q Y
S U I N Y J J B A P K E G R J L V D P Q A B V A T G C X R L
A R G A R F O R T H M A L R A B U K X B L U B P L I E L L N
S E M I O A T Z U V S T E M G A Q G D W N L J J U Z V N O D U
Z G O N X V T N H Z R V O E Z F O H B B A J L E Z W S J B L
X U X A N R C I S X Z R N C R E G Y I P D F W X Y S O J C V
X L E U P Y T G B P F L A R J R A R O Q B S F S R H D S W U
K E W Y C P R K B G N I R N V N M V J D U L R X N G Y J D V
S S A T Y B F R I Q Z B D G A A Y K N N N H Q S L T A K O O
I T M J F F O I G N E D Y X S P N M O H I O O C T R C V B B
W X B I P H H S X S N G W C Y M P S X U X N S A V O K C C M
H R Q E T W D F T N O I P T R B W P W U L Z C T C F G T J T
G L R X X M S K U Y R V N M A A X U L B K C T K A T J O A E
K R C S V S Z O J F B E J O D L X W S V P T E C V W Q Y P G
Y P V A F E G Q A D A M E M L Q D N Y Q Y R C H Q T L Y M N
B Y Q U O T N D F F N C N I A P I Z T A S E B S G O T X G P
C W E J E N N V J T H P H O Q K D L C L T Z E J R E L U V R
D P L L O Z K S A M F T Z W N E D B L X N T H E M S V A P D
R C T X H W D B M U D S R E U F D Z P R N R T N T R G A D Y
W V J D W W H O E N L R J A T A N N O L Y Y A K U B R K N F
I A D Z Y L D Z S G H E G M W J M D U A P U M I H B H R D S
C X B M G Z W T R Z X G H Y A O B B F E E R O N P J K Z F D
T J O W Q L D X X B W O A A F E H F I F V T S Y P U Q I W I
U Z M D X M H Y L Y G R A N R I J M I W Y E L N A H W G Y H
```

BACK, CATT, CHARVIS, COCKERILL, DALLAGLIO, DAWSON, EVANS, GARFORTH, GIBBS, HANLEY, HILL, HOWARTH, HOWLEY, JAMES, JENKINS, JENKINS, JOHNSON, LEONARD, LUGER, MATHER, PERRY, QUINNELL, QUINNELL, RODBER, ROGERS, SINKINSON, TAYLOR, THOMAS, WATSON, WILKINSON, WYATT

Wales 29 - 19 South Africa

Cardiff, 26th June 1999

Wales		South Africa	
15	Shane Howarth	Percy Montgomery	15
14	Gareth Thomas	Stefan Terblanche	14
13	Mark Taylor	Pieter Muller	13
12	Allan Bateman	Japie Mulder	12
11	Dafydd James	Pieter Rossouw	11
10	Neil Jenkins	Braam van Straaten	10
9	Rob Howley (c)	Werner Swanepoel	9
1	Peter Rogers	Robbie Kempson	1
2	Garin Jenkins	Naka Drotske	2
3	Dai Young	Cobus Visagie	3
4	Craig Quinnell	Selborne Boome	4
5	Chris Wyatt	Krynauw Otto	5
6	Colin Charvis	Corne Krige	6
7	Brett Sinkinson	Johan Erasmus	7
8	Scott Quinnell	Gary Teichmann (c)	8

Replacements		Replacements	
16	Mike Voyle	Ollie le Roux	16
17	Andrew Lewis	Andre Venter	17
18	Jonathan Humphreys	Dave von Hoesslin	18
19	Leigh Davies	Gaffie du Toit	19
20	Stephen Jones	Breyton Paulse	20
21	David Llewellyn	Andre Vos	21
22	Ben Evans	Charl Marais	22

Referee Morrison (England)

Notes Played at a half-built Millennium Stadium, Swansea centre Mark Taylor had the honour of scoring the first try at the new venue. The first full capacity event was the opening game of the Rugby World Cup later that year, when Wales beat Argentina 23-18 in front of 72,500 fans on 1st October.

South Africa 1999

```
J J P I I Z X T R X L R Q W V M Q N L J M U T A A T L O T Y
N R R L V O X Y K Y G V N M S W A N E P O E L B F N L Z M E
U W Z N T U Y N Y J M I A L Q E T Y O I Z T U F Y B O D Z X
R S W S P Q U I N N E L L P U E R V Y T T I J A G U L A L X
E S O Z N S I V R A H C P L A G H Z G F T U B A P P K K Y Q
Y B F X J J B R P Z U R T X E U K T P A S O Y R M B X W U U
A G S Y T Y J T N R Z A I G Q M A M M P V L Y G C E J N F B
Z M D G O O B U C H V D R C N O H W U O S S O R Z N S Q R M
I M B F W B A P O T A N L M U N P G C N Y F A N T O N E X M
L U V L M D V E H R C I K W W T Y B X X H J V X R M E F A
V P K O B L P O W A H U L Z I G R X P P D E P W Z O T H E Z
O T O L G V E A W A W H L N O I I C D A L D R O E Y V R D
T C O B M W B Y S O V N B Q K M L O S D W P B B N O I K M
V X A W M U Z W X H Z G Y U E E C I M A R O G C H L R S I B
N O L T B Y X Z D R M U R S M R G X L M O H G U X A A A G Y
B I A P H Q U I N N E L L O P Y Z E C O T K A K C P I G I R
B F K P Y M I F F Z K D Z C S L P P N H S U B P R E E I S Z
O E A O A A H E E K C O A O K U Q M T K X F I I I V E B O
X A C O Z D G K Y G V C C J N L B J G X E E H F W Z G N L X
A F O P W A N Z I W C O Q C B W T E R B L A N C H E W E U V
F L H J Y E R A V R C G Q C S M U L D E R O S G K A E F Z A
A G X G A C O F M H W Z O Q S K E K P P S W A I L R Q Y N N
E O T D T I G V V E X E K F S N N D U S I A O S U A Q O L X S
S X Z E T I E K L C T O G X I S P M R W F N I S T U A V O T
F A R H M D R V O L R A Q T K P E R Q M I Y M E N T F E J R
X E Q L K G S E D D V O B I N R O H B M K M U U G A D Z F A A
N M O G J D I L B K V A L O E M V K N Y S I N K I N S O N A
I G A S V B U Z W G W G T Y J F L E C J R E L L U M H G S T
B Z G I L Y S K R J B X P B A F J O H J Y C E K L R E J X E
F T S E R V C V E K L I C S V T T E I C H M A N N R I D M N
```

BATEMAN, BOOME, CHARVIS, DROTSKE, ERASMUS, HOWARTH, HOWLEY, JAMES, JENKINS, JENKINS, KEMPSON, KRIGE, MONTGOMERY, MORRISON, MULDER, MULLER, OTTO, QUINNELL, QUINNELL, ROGERS, ROSSOUW, SINKINSON, SWANEPOEL, TAYLOR, TEICHMANN, TERBLANCHE, THOMAS, VANSTRAATEN, VISAGIE, WYATT, YOUNG

Wales 11 - 9 England

Cardiff, 5th February 2005

	Wales	**England**	
15	Gareth Thomas (c)	Jason Robinson (c)	15
14	Hal Luscombe	Mark Cueto	14
13	Tom Shanklin	Mathew Tait	13
12	Gavin Henson	Jamie Noon	12
11	Shane Williams	Josh Lewsey	11
10	Stephen Jones	Charlie Hodgson	10
9	Dwayne Peel	Matt Dawson	9
1	Gethin Jenkins	Graham Rowntree	1
2	Mefin Davies	Steve Thompson	2
3	Adam Jones	Julian White	3
4	Brent Cockbain	Danny Grewcock	4
5	Robert Sidoli	Ben Kay	5
6	Dafydd Jones	Chris Jones	6
7	Martyn Williams	Andy Hazell	7
8	Michael Owen	Joe Worsley	8

	Replacements	**Replacements**	
16	Robin McBryde	Andy Titterrell	16
17	John Yapp	Phil Vickery	17
18	Jonathan Thomas	Steve Borthwick	18
19	Ryan Jones	James Forrester	19
20	Gareth Cooper	Harry Ellis	20
21	Ceri Sweeney	Olly Barkley	21
22	Kevin Morgan	Ben Cohen	22

Referee Walsh (Australia)

Notes A game that went down in Welsh rugby folklore, it was the match that Gavin Henson announced himself to the world. An early Shane Williams try set up a sizzling game that was sealed by a famous last-minute Henson penalty. One of the most enduring images of the game was England centre Mathew Tait attempting to run through Henson, only to be lifted one-handedly clean into the air and driven face-first into the Millennium Stadium turf.

England 2005

```
Y H A I Y Q G K A Y B G W J Y P D O P K C W J Y G N R W I W
S T F T W H H A A H T D G N U E K T Q X L S O U J O W J Q Q
N I A V G I Y Y Y B A Z Y F L O I S H K B B U H Y O X Z S A
A I O F K R L L D V C J B I E S O T U O Q L P Z H N X J H P
T Q X Z T O E L I B H Y P X N B Y K O E M H C U E T O T A C
K B Q D S Q E I X E H K I X L P X A D R P V F M W C I N S
E G M N N K S P C A O K O S F E E O A W H S Q I C D V K R M
E R X M J V A J D D M N E W W S L T T U Z K R O G Z H M L V
R M N T G K D C G F E S H E T F V Z P I I R J G N B B K I P
T R S Q L N P S B J G A D N O I U K T S H W C M C G E F N G
N P J I S W O M J Z B H L I U A F M T I S W O O I H Y I S U
W J U N L N W A E E Y A Q T X Z V P L S V L Y R C S V A A A
O C F O U E R I B N R I W T A F H S F A Q I E B S K C Y Z V
R F R S B X H L R J R I E S A R S Z P M A B U E J L B O M J
C O X N A J C L R U N B C Y O L L P U O G Q K U P H E A O F
U K B I B C F I A N G X B M L H J A V H G O J Q L K B Y I W
N I O B W H L W V K N W N E P N Y S N T F Y R X M V B I V N
R L W O T D R U O O D P Z G O C Y O J F A E U B O M F V Y
G W E R Y U Z V S S O A N W Z S B W F X T I W I D W Y T O I
B H Z W V Y I I I C H E A U I H I K F P M E D J W W H S N X
M G Y H S D F U H Q O P L D Q B C K P T S S W T F B G O V
R S S I W E I A R X P M O W X B F O D I X Y S U L S E N O J
R N M P A O Y X P H Q L B G X D R C W M U W E B Z L Q C Z C
S Z Y I C N Q R C J I E D E X Y S W N I U N N A S T Q D U Z
U R M M S H M S V M G D U A I P F E N M W S O U Z B X O N V
U Z E V S R G E H Z P P P G M V U R H W N N J S M N W R J W
M O U E Z Q Z N B I M P F V L S I G R A J F V O N V N D R S
J B N N P G L O J H B E N Q T R O N C L H J U Z D E K H E Y
T O Y N B E A J A K D K Z B P U C N E S W U Z H L H Y H F
J A C Q B U K S Z C O K V U R A K T Z H M B D N U E Y T P V
```

COCKBAIN, CUETO, DAVIES, DAWSON, GREWCOCK, HAZELL, HENSON, HODGSON, JENKINS, JONES, JONES, JONES, JONES, KAY, LEWSEY, LUSCOMBE, NOON, OWEN, PEEL, ROBINSON, ROWNTREE, SHANKLIN, SIDOLI, TAIT, THOMAS, THOMPSON, WALSH, WHITE, WILLIAMS, WILLIAMS, WORSLEY

Wales 32 - 20 Ireland

Cardiff, 19th March 2005

	Wales	Ireland	
15	Kevin Morgan	Geordan Murphy	15
14	Mark Taylor	Girvan Dempsey	14
13	Tom Shanklin	Brian O'Driscoll (c)	13
12	Gavin Henson	Denis Hickie	12
11	Shane Williams	Jamie Noon	11
10	Stephen Jones	Ronan O'Gara	10
9	Dwayne Peel	Peter Stringer	9
1	Gethin Jenkins	Reggie Corrigan	1
2	Mefin Davies	Shane Byrne	2
3	Adam Jones	John Hayes	3
4	Brent Cockbain	Malcolm O'Kelly	4
5	Robert Sidoli	Paul O'Connell	5
6	Ryan Jones	Simon Easterby	6
7	Martyn Williams	Johnny O'Connor	7
8	Michael Owen (c)	Anthony Foley	8

	Replacements	Replacements	
16	Robin McBryde	Frank Sheahan	16
17	John Yapp	Marcus Horan	17
18	Jonathan Thomas	Donncha O'Callaghan	18
19	Robin Sowden-Taylor	Eric Miller	19
20	Mike Phillips	Guy Easterby	20
21	Ceri Sweeney	David Humphreys	21
22	Sonny Parker	Gavin Duffy	22

Referee White (England)

Notes Wales prevailed over Ireland to claim their first Grand Slam since 1978. It was also the first time that Wales had beaten Ireland at home since 1983. The win sparked jubilant scenes across the country, but perhaps none more so than at Cardiff's City Hall, where a large screen had been erected to allow the gathered crowds to watch the game.

Ireland 2005

```
W M F B Y R N E K Q F O L E Y H F W N U I H C V O D Z V A L
X B D O B A G X E V N Y B Z U X O L E V I E U U J H W S V C
F F S E Y K S M Z B Z G H O D F M L S C U H F N O O N J R V
U W G S A A A W D Z V D G V I V E L K H V S D H V G J B Y A
E J C W B S V N Y A L A O R M E A I F P A W K H H E N S O N
O P X R O N T B V B R O I D V Z E E I Y M N W B F L R Z E G
N J X N Y G Z E L A L F Z B W J P K E E K V K D N G S W T I
M O R G A N A H R D X M G U L S M F Y I W V A L I K O X R P
H H N B R P A R Z B O E Z W M D Q I I V B Z K H I J G C X G
J W W J X E B S E F Y Y S Z V L X J E S S V P F L N X W I S
B U E F U E A L J O N E S Z D K N W J X T N X Q V R S K D T
J E D E X L B N H K N L I H E Q G O P I K K I Y D K Q O K X
C O R R I G A N A O U M A T O D N O N G G S O K C B C W B M
L X R L M Q N Z J M H F V E U K R K U J P H N O L M W U
I J S N R S V M K D S L X E S R J U F E P P B U N E U P I P
A T F Y N X H I L X S W Z U X M J I P L G J C N E U J D L Z
J E Y B U D M A B L A V Z H S D V Z E D N O N T N J O L V
K L T Y H U G I Y Y S B Q X G A A Z R C Q R I C B H K P I C
U U D I R B H D L E P H F C C M U J D G J T T R K S S R A T
O N D P H G I O I K S Z W Q V S M A I L L I W H T I F R M O
T D H O L W C W G N X Y E H W R B C D T B E N Y D S B D S K
D Y P B K H S W P K U E D A V V Y R B T J E Y Q O E L N N H E
E Z D B E E Y O U N B S L H P V P X U M T G L A B S X Q B N
Y Y B M Y Y L G N P M I A Y K S Y F L K I Q D B L P J S Y
O H C M N D Z L I Y U D L L O C S I R D O H B Q A X G M U Q
J Z W P T L I R Y F L M S C W X B F R U I H Y W M O J X E E
T N I A B K C O C Q T U L I W G E S A M D K Q I T E O C L D
Y W K H K O D T R I F O M M A F T X R O L Y A T B Q S A D N
D M U W A H V M R V W V O K R E G B J B S O U X H O G I H J
R R D A V I E S O C O N N E L L W A D Z Y E C V A J G U I E
```

BYRNE, COCKBAIN, CORRIGAN, DAVIES, DEMPSEY, EASTERBY, FOLEY, HAYES, HENSON, HICKIE, JENKINS, JONES, JONES, JONES, MORGAN, MURPHY, NOON, OCONNELL, OCONNOR, ODRISCOLL, OGARA, OKELLY, OWEN, PEEL, SHANKLIN, SIDOLI, STRINGER, TAYLOR, WHITE, WILLIAMS, WILLIAMS

England 19 - 26 Wales

Twickenham, 2nd February 2008

England		Wales	
15	Iain Balshaw	Lee Byrne	15
14	Paul Sackey	Mark Jones	14
13	Mike Tindall	Sonny Parker	13
12	Toby Flood	Gavin Henson	12
11	David Strettle	Shane Williams	11
10	Jonny Wilkinson	James Hook	10
9	Andy Gomarsall	Mike Phillips	9
1	Andrew Sheridan	Duncan Jones	1
2	Mark Regan	Huw Bennett	2
3	Phil Vickery (c)	Adam Jones	3
4	Simon Shaw	Ian Gough	4
5	Steve Borthwick	Alun Wyn Jones	5
6	James Haskell	Jonathan Thomas	6
7	Lewis Moody	Martyn Williams	7
8	Luke Narraway	Ryan Jones (c)	8

Replacements		Replacements	
16	Lee Mears	Matthew Rees	16
17	Matt Stevens	Gethin Jenkins	17
18	Ben Kay	Ian Evans	18
19	Tom Rees	Alix Popham	19
20	Richard Wigglesworth	Gareth Cooper	20
21	Danny Cipriani	Stephen Jones	21
22	Lesley Vainikolo	Tom Shanklin	22

Referee Joubert (South Africa)

Notes It took a second-half comeback by Wales to put England to the sword, the first time at Twickenham in 20 years. It was Warren Gatland's first game in charge too and after a shambolic first-half by the Welsh, whatever Gatland said to the team at half-time seemed to jolt them into action.

England 2008

```
K Y V I C K E R Y B Q N R I I V S S Y R I O P X I E L F H B
M U Y A T F L U M Y V H G W K P L I E F O D Z E K Z E O R Y
W R K G E X E Q F Q K E Q E A P P Q L G E L R C T I O L U J
W B H R X B F T X D B N H D O R S K P Z E O W Y G K U G P J
F C B M L N B O G Z R K A D F R O A N C R Z A C I H U D W C
C V H C D T B K Q Z W D G S Z B E A J F R D C X M J H C R
Z R C E B H J A T N N R J F S Z X N G O L R X C T J V S E H
O P L S L C F R T Z B Q S A D H A G E N E H N F I E M K G X
I U J I B F L U M D C X T V D Q O R E X H O A Z V R U T N
J B M E O S D H F F Q I O S I K A S E S T S S P J A O G A R
F E U C B V M V K Z C P H R G G S Z P L Q W R N F P G U V E J
Y S R Q V F Q D B D E C E Z S F A N Y I Z Y I W W U J L W J
W N U O N B U Q U F B H N X E V P Y L M Q Q K M N R R M I W
M I H R A Q P R E M S Q C N O J L W M N H L D S Q U D D Y
S U Z V R B Z O L D R X I P O I I H W C Z Y I E X H A Q C D
T M A T Z N E Z T H S H A W J A C B B S L E W E F W V H Y O
L F K B F Q D G T W E W U G M Q Q J Q P P T C G W K V Y A O
L D H U L E O V E X Y N F S W Q J I U S L Q D N A X P K Z M
M L L E K S A H R I A Y S F P O K E R M J O K G D Y B E I N
Y U E H Y O S A T S Q E T O J X Q L O X F B B J E M G H H F
T O F N Z R B P S L E V K Q N F N O C A R Z Q I I E P T L Q
E Z G N G T I A R U L W I G O C K A J O N E S W N T Y O S M
A U L A D R B M L C P A I T B O R T H W I C K U G U O S H V
B R I R J E T S I S A H S L H M Q N J J O V Q T J D K H J O
Q U O R U B Y A Q G H Z I R L O R Y O A I K B O I K M C H B
X P Y A L U U C K R O A F L A I M I N N L J V Z I S F K T X
W U L W T O M K W N D J W M L M A A E J N F S E N O J H
A K C A P J Z E J M B Y R N E I O M S V T T E N N E B M P H
F W H Y S B W Y N F M S Y Z M B P G S Q F U J L L A D N I T
F P F C S A I M U M A M L T K M K S B Q U D I N N V Z G I H
```

BALSHAW, BENNETT, BORTHWICK, BYRNE, FLOOD, GOMARSALL, GOUGH, HASKELL, HENSON, HOOK, JONES, JONES, JONES, JONES, JONES, JOUBERT, MOODY, NARRAWAY, PARKER, PHILLIPS, REGAN, SACKEY, SHAW, SHERIDAN, STRETTLE, THOMAS, TINDALL, VICKERY, WILKINSON, WILLIAMS, WILLIAMS

Wales 29 - 12 France

Cardiff, 15th March 2008

	Wales	France	
15	Lee Byrne	Anthony Floch	15
14	Mark Jones	Vincent Clerc	14
13	Tom Shanklin	Yannick Jauzion	13
12	Gavin Henson	Damien Traille	12
11	Shane Williams	Julien Malzieu	11
10	James Hook	David Skrela	10
9	Mike Phillips	Jean-Baptiste Elissalde	9
1	Gethin Jenkins	Fabien Barcella	1
2	Huw Bennett	Dimitri Szarzewski	2
3	Adam Jones	Nicolas Mas	3
4	Ian Gough	Lionel Nallet (c)	4
5	Alun Wyn Jones	Jerome Thion	5
6	Jonathan Thomas	Thierry Dusautoir	6
7	Martyn Williams	Fulgence Ouedraogo	7
8	Ryan Jones (c)	Julien Bonnaire	8

	Replacements	Replacements	
16	Matthew Rees	William Servat	16
17	Duncan Jones	Jean-Baptiste Poux	17
18	Ian Evans	Arnaud Mela	18
19	Gareth Delve	Elvis Vermeulen	19
20	Dwayne Peel	Dimitri Yachvili	20
21	Stephen Jones	Francois Trinh-Duc	21
22	Sonny Parker	Cedric Heymans	22

Referee Jonker (South Africa)

Notes France came into the game having not lost a championship game in Cardiff since 1996. But they also needed a 20-point win to steal the RBS Six Nations title from Wales. Even with a Henson yellow card, Wales pummelled their way to history, the win duly securing them a 10th Grand Slam win, 100 years after they won their first.

France 2008

```
P Z U M S S A V B A E K Y N Q J A P G V I N K C E F W F C A
S K W A U Y B K Q Y C W B Q E M Z L T O U E D R A O G O Y R
T K M E J G U X G E H E J O X Z X E L S Q F I B T D I L B C
K V L R F X X I R P Q Z O Y N F S A E E Z Y R I X A P M X L
J L W R I I U E X D T C S J W C Y R W C Q W D N K M F G X
E H Z M T P U S W O U T X F Y Z I C Q D K R T K R M U X K L
X Y Z Y C Q E W P S E P G L F E L S I E Y A X A U L Z K P
N P R J E S D E U R A L H I S I Z U L Y U Y K B L W W K V F
J X M E B X I Z P A U L R I D K I I K I L I M I Y E B L N S
Q I K L E C C R C T T A O P D N T B E T A F Y Q T M I U U H
H N E B N J S A F I O N A S P H R C G C V M R Z W S W U H A
A I O X N R M Z Z M I I I M K O E E R T V T Q S D U J S Q I N
L L B Z E J A S C R A T U G N L Q N B R C Y M E K E B V K
M D K D T T I B J O N E S L R S L N G Q M R F N D I W B L
A E H S T R L R H G W K V Y J O I O M E K Y F O M Z W R K I
L V J L K X L F U P V U B N K N A I Z R E J G Z O H F D U N
Z S U K C L I B O Q O I V Y J E R Z Q E L I S S A L D E J F
I Y H R D U W W Z T J G Z E K Z T U C A X Q Y L E U Q M C L
E G J B C U O K Q H O V V R C J L A Q Q U H K O O H Q G D O
U F F F G L D H Q O N S I O J R O J B K B R E E K A W J R C
W A S V N Y P W X M E O F A E B S N D Y G O U G H Q O A A H
S O G Q M S W P H A S H Y R N W C P E U S A D M J Y I K A E
B L X U A Y P J J S Q B E H P X O Q O S K P A Y V A N J H Q
U Q D X F E D L F W K S R F B D C K R O S I A G B Q A X X
U M C Q F J V N B H N B V R D M Z E R C O N L C B J Y W V
N A P E E T N D O O X T S K R E L A H I F R I I L P T I M O
S W D V R Y I J J I M G M L U O R Z Q H Y V E G K I K B U P
G B O N N A I R E C H C G X F M B G V U A G E L N H F A U
Q R Z Z Y M G M C O E T C J O N E S V O J T E Z C D E P B C
H D Y H M G H A F P Q L A G P W J Q C J A S H B O F Y J X Z
```

BARCELLA, BENNETT, BONNAIRE, BYRNE, CLERC, DUSAUTOIR, ELISSALDE, FLOCH, GOUGH, HENSON, HOOK, JAUZION, JENKINS, JONES, JONES, JONES, JONES, JONKER, MALZIEU, MAS, NALLET, OUEDRAOGO, PHILLIPS, SHANKLIN, SKRELA, SZARZEWSKI, THION, THOMAS, TRAILLE, WILLIAMS, WILLIAMS

Wales 21 - 18 Australia

Cardiff, 29th November 2008

	Wales	**Australia**	
15	Lee Byrne	Drew Mitchell	15
14	Mark Jones	Peter Hynes	14
13	Tom Shanklin	Ryan Cross	13
12	Jamie Roberts	Stirling Mortlock (c)	12
11	Shane Williams	Digby Ioane	11
10	Stephen Jones	Matt Giteau	10
9	Gareth Cooper	Luke Burgess	9
1	Gethin Jenkins	Benn Robinson	1
2	Matthew Rees	Stephen Moore	2
3	Adam Jones	Al Baxter	3
4	Ian Gough	Mark Chisholm	4
5	Alun Wyn Jones	Nathan Sharpe	5
6	Ryan Jones (c)	Hugh McMeniman	6
7	Martyn Williams	Phil Waugh	7
8	Andy Powell	Richard Brown	8

	Replacements	**Replacements**	
16	Richard Hibbard	Adam Freier	16
17	John Yapp	Matt Dunning	17
18	Luke Charteris	Dean Mumm	18
19	Dafydd Jones	George Smith	19
20	Martin Roberts	Sam Cordingley	20
21	James Hook	Quade Cooper	21
22	Andrew Bishop	Lote Tuqiri	22

Referee Lewis (Ireland)

Notes Wales had to survive a brutal Australian fightback in the final minutes to claim only their third success over one of the southern hemisphere's 'big three' since rugby turned professional in 1995.

Australia 2008

```
C L P H R M K I Y S S R B N G H Q K E E H V H N P I A F Y E
X R U I E P R P L E X J K P Q S H A R P E J T F L R V H Z L
Y A F K N I A I N X O W F I X P S G N Z E U V K O G I U D S
X L H G C B I O V X M L V F G B Q E A N W Z C B G U Q T S F
N B G H W D J I P E J F M B X J F B K V U Y I A M J I U C L
Q N V Y V J W I L L I A M S O A W I J T Q N M L E Q Z S X S
F M P C O O P E R J Z Y J K Y E N P L N S Q S L E U V I I F
E V B W O F T K B K Y H V S K R C O F G D E L H S W Y S
I W X G X S C M Y E O E F B K Z P Z N E E M N H S Y E L P I
F M M T E M B X R R H I R D K C X K U J N G E C A L M S X F
S Q O N C R U R N U C B M G E H A R P O A Q U T X P J R V
F Y O B N B X Z E T Z E N I I I H K O O O H O I F B Y Y X R
M J O I R S X I P H J S L T O S C Y W L I G F M W A U G H A
U B K B X L D Y T K S L E N H I R E R O Q Z Q I J C S D Z
H X M P C V F L G L C L B A Q O F L L A R E O G P S R D S A
G G N F O C K D Y E C O J U U L S J L X G R A Y J D O V N J
U G H H L L T V E D T R L B K M W H P X R E E S D C S S T B
O Y S D T R W K I J J M I M A R T C E B Z D O Y J S B W C
G N C H R T Z R V V O E O Z C L C F C U I S U S G U P Z X X
C E H R O B E R T S N K U E M O O T O F J L T U V K D W R O
P R I V M E Y S B U E L P M E O Q T T J F M S D X J V M L F
Z O R D R Y E B U A S S C Z N T N V O V C Z K K N W F I V I
Y O R P D N V A R N X D R C I V I N K S D E B B I A H N P T
K M U V O U A T G K W T Y U M G E B S A I D W L Y A E N N O
G A E J O T F L E N E U E Q A S V E D U C U L S O Q E K Q R
K K X A W Z Y S J X J Q R N B Q X R S Q I X C V W T F Q S
J P Q G T P O J S I P B L A K I H S N U A U S E N Y H N M X
W C A W R P B R O W N X H X Z N C V M J Y N A D R I N E W
A A L W Q S E V K W O L R C L U C P S N I L K N A H S Z H H
G O O E L J D F Z L I R Y W H N Q I F W H B V T Q P V K
```

BAXTER, BROWN, BURGESS, BYRNE, CHISHOLM, COOPER, CROSS, GITEAU, GOUGH, HYNES, IOANE, JENKINS, JONES, JONES, JONES, JONES, JONES, LEWIS, MCMENIMAN, MITCHELL, MOORE, MORTLOCK, POWELL, REES, ROBERTS, ROBINSON, SHANKLIN, SHARPE, WAUGH, WILLIAMS, WILLIAMS

Wales 21 - 18 Scotland

Cardiff, 13th February 2010

Wales			Scotland
15	Lee Byrne	Chris Paterson	15
14	Leigh Halfpenny	Thom Evans	14
13	James Hook	Sean Lamont	13
12	Jamie Roberts	Graeme Morrison	12
11	Shane Williams	Rory Lamont	11
10	Stephen Jones	Dan Parks	10
9	Gareth Cooper	Chris Cusiter (c)	9
1	Paul James	Alasdair Dickinson	1
2	Gareth Williams	Ross Ford	2
3	Adam Jones	Euan Murray	3
4	Jonathan Thomas	Jim Hamilton	4
5	Alun Wyn Jones	Alastair Kellock	5
6	Andy Powell	Kelly Brown	6
7	Martyn Williams	John Barclay	7
8	Ryan Jones (c)	Johnnie Beattie	8

Replacements			Replacements
16	Huw Bennett	Scott Lawson	16
17	Gethin Jenkins	Allan Jacobsen	17
18	Bradley Davies	Richie Gray	18
19	Sam Warburton	Alan MacDonald	19
20	Richie Rees	Mike Blair	20
21	Andrew Bishop	Phil Godman	21
22	Tom Shanklin	Max Evans	22

Referee Clancy (Ireland)

Notes Scotland were cruising to victory at the Millennium Stadium and were on the verge of their first Six Nations away win for four years and a first win in Cardiff for eight. With just three minutes left on the clock, Wales ran in 17 unanswered points, scoring the winning try with the final move of the game. The Scottish were left shell-shocked and the game went down as one of the most famous Welsh victories of recent times.

Scotland 2010

```
H H D N Y S A U M X Y Y V F W E W R K E V A N S R I E N I F
W A U M U R R A Y A M H D O W G F K J Q C W J B R Q H C J J
K U R S G M W Y Y W K Q W E R M X L W R T H J E Y W O Q F V U
N V C C S S R B I F N A X D A U J K V C N B R Q N A E R T L
M S V A J D Z B O J J W I L L I A M S N O O Y D T G I A C Y
E E U R O X L M J D V Z C P G W S K J F L Q M R B W T K T M
Y N R G N V Z R A U B Z O N S G N L U V E H U A N L T W D O
G O Q M E P Z O M V U K W T F F C S N Q A U F L E A B T G W
I J X V S Y L Y E T C T K T F R E V H W P L J V U L E N R B
E I X M O Q H O S O D W F Q E J H Z W O U F R B P S B A Q H
R V U L A M P O L G N D L S B E X O C R A P J B G S G L N Q
X H W Y P W S L D Y N O V I V H R Q O B H E W G J W L J Q R
K O B V I S E W E G Z E T S Q O L I X K N N Y Y O N D X C O
S D D K Z K N X A X W Z L U C U G V Q D N F U O T K L F Z
A C Y H D X M L A D D R U X I G T W N H T Y B P H G A I K F
H C W R J V L X F T A L T H C M U O B H V L K O P M R X J M
J O N E S O X P O P C Y S P F F A N N Y G T M N O W U P F T
W Q S Q R Y H J A A Y B K I X K H E G A Q N F B G I S M
Y A L C R A B I H T N O S I R R O M K J S O T M I N L M A G
S R D O C L A N C Y G H T P M Y L A Q P H U P C J I W N B
N M N G Q L L C I C Q M Q E K A D Q G S J Y N H B B B B X X B
W Z A R D C P C C Y K W A N C X E N Q Z D I T Z R L J Y Q U
S K H I Q O O N K N H B X Q E V S C W Q D K Z C A D O P T A
B E I L L O D E T D Z J P W I L L I A M S Z A U X G N A D P
Y O G P L Z X S R O B E R T S D D C N P A T S P V E T Z O
V F N E I R I J X P L Y T X O D L M E M L N W I K E S E T W
Y N R K O I O W Z X I D K X A I Z G S C D W D T N G D R Q E
Z K P L Q P K G C D X M S P N X F K M D A B M E C S P S T L
I T K C N V S I P L N O S N I K C I D M W U E R O K Z O X L
U M T H C R Z I Z O G R S T V E C S B R Q F H Q F I J N C R
```

BARCLAY, BEATTIE, BROWN, BYRNE, CLANCY, COOPER, CUSITER, DICKINSON, EVANS, FORD, HALFPENNY, HAMILTON, HOOK, JAMES, JONES, JONES, JONES, JONES, KELLOCK, LAMONT, LAMONT, MORRISON, MURRAY, PARKS, PATERSON, POWELL, ROBERTS, THOMAS, WILLIAMS, WILLIAMS, WILLIAMS

Ireland 21 - 23 Wales

Dublin, 5th February 2012

	Ireland	Wales	
15	Rob Kearney	Leigh Halfpenny	15
14	Tommy Bowe	Alex Cuthbert	14
13	Fergus McFadden	Jonathan Davies	13
12	Gordon D'Arcy	Jamie Roberts	12
11	Andrew Trimble	George North	11
10	Johnny Sexton	Rhys Priestland	10
9	Conor Murray	Mike Phillips	9
1	Cian Healy	Rhys Gill	1
2	Rory Best	Huw Bennett	2
3	Mike Ross	Adam Jones	3
4	Donncha O'Callaghan	Bradley Davies	4
5	Paul O'Connell (c)	Ian Evans	5
6	Stephen Ferris	Ryan Jones	6
7	Sean O'Brien	Sam Warburton (c)	7
8	Jamie Heaslip	Taulupe Faletau	8

	Replacements	Replacements	
16	Sean Cronin	Ken Owens	16
17	Tom Court	Paul James	17
18	Donnacha Ryan	Andy Powell	18
19	Peter O'Mahony	Justin Tipuric	19
20	Eoin Reddan	Lloyd Williams	20
21	Ronan O'Gara	James Hook	21
22	Dave Kearney	Scott Williams	22

Referee Barnes (England)

Notes Another Welsh comeback in a game which saw the lead change hands five times. Leigh Halfpenny had a chance to put Wales ahead in the final minutes but pulled a conversion wide of the posts. A few moments later, Wales were handed a penalty and Halfpenny duly stepped up to slot the kick and seal a famous Welsh victory on Irish soil.

Ireland 2012

```
J V O I U N O R T H I Z Z O O A T U I T W L B L M P M P Q X
B U Z S Q K S H T Z U T C X Y M Q X T B O Q Y F R G V T Y L
O D A V I E S F W R X O C O N N E L L J P P J F I D F H C C H
H E A S L I P P C W L B L Q B W X G Q C W O E B S P N H L A
X L M R D O T R I M B L E H X X C X L S X Y F H X A Y H
J E O T K K P E M P X X D K Q O F Z O G T R P L P J I L B H
O S J I E C Y J U X V A I D X G X W G L R Q F D J R K F U E
S S T R E B O R X F Z X T U M F W G A M D C N A B X A P D A
W E I X R N X X P T E Y H M K U Z N K N O Z T F Y D L E T L
H A V Q E B E B S P C R S O T C D K E A R N E Y X N T N L Y
N O V S Z C W Z E R H E R X L W M G Z L X E L C Y Q W N Q B
Y F V A A O T Z A S I Y R I T M E W E U V N R T M N O Y R J
C M Q Y C X L D S L T F E J S C Y C A R Z K E A D R I L S F
E W W S V P O D Y O H S N S H X X X R P G B J C K Y L O O
Z L N S K H S B F U C J H X K A H O K D Y L Z U X J A I E B
X T U P N E W I Y M K C C F L D W A R B U R T O N H E G F K
K U D E Q A O R Y K T C J R L D P X Z L N H G S C K F N X P
S Q T C W C V V Y E E T Y Q T X E N O J A B E G T B J Q H Z H
D E Z L S L J E K P Q N P K R N A M Q E U F I Z O H R V B I
J R N B S L N D U M N Q Z A D Z R E E M H R M Q M E D L
M X Q O O E A L W Y J O A F A L E T A U D D Z U B U Q Z P L
G Z M R J W H I N D H H Y S V H E Z N S X R Q E O F J S I
Y B W D W Y E V L Q F S G F T T Q L T R S D X V I I O D H P
N J E T S R I V A E D I A L N P V E C Q U G P L N R A Q S
Q Y R N E I F D A D Y I L C Q Z N U O F I O F U U E N A G E
H K B X N C Q W V A D T L I X X D Y P K G A Z S A A K W Q U
Q D B X R E T L R G T Y A C O T P O A V G T I M Z A J Q T Y
U E C H A T T R B L D T C Y H G I L M C V L Y H C N T P E X
K W J R B P U T J D E K O K V L W N O T X E S N C U M O V E
X C N Z D M P C M Q T R B Y U L L M O X Y Q K R J Q I H B U
```

BARNES, BENNETT, BEST, BOWE, CUTHBERT, DARCY, DAVIES, DAVIES, EVANS, FALETAU, FERRIS, GILL, HALFPENNY, HEALY, HEASLIP, JONES, JONES, KEARNEY, MCFADDEN, MURRAY, NORTH, OBRIEN, OCALLAGHAN, OCONNELL, PHILLIPS, PRIESTLAND, ROBERTS, ROSS, SEXTON, TRIMBLE, WARBURTON

England 12 - 19 Wales

Twickenham, 25th February 2012

England			Wales	
15	Ben Foden		Leigh Halfpenny	15
14	Chris Ashton		Alex Cuthbert	14
13	Manu Tuilagi		Jonathan Davies	13
12	Brad Barritt		Jamie Roberts	12
11	David Strettle		George North	11
10	Owen Farrell		Rhys Priestland	10
9	Lee Dickson		Mike Phillips	9
1	Alex Corbisiero		Gethin Jenkins	1
2	Dylan Hartley		Ken Owens	2
3	Dan Cole		Adam Jones	3
4	Mouritz Botha		Alun Wyn Jones	4
5	Geoff Parling		Ian Evans	5
6	Tom Croft		Dan Lydiate	6
7	Chris Robshaw (c)		Sam Warburton (c)	7
8	Ben Morgan		Taulupe Faletau	8

Replacements

16	Rob Webber		Richard Hibbard	16
17	Matt Stevens		Paul James	17
18	Courtney Lawes		Ryan Jones	18
19	Phil Dowson		Justin Tipuric	19
20	Ben Youngs		Lloyd Williams	20
21	Toby Flood		Stephen Jones	21
22	Mike Brown		Scott Williams	22

Referee Walsh (Australia)

Notes Wales seized their 20th Triple Crown at Twickenham, but only after some high drama at the end of the match. With the game level and England in the ascendancy, it was replacement Scott Williams who ripped the ball clear, kicked ahead and won the chase to dab down. England fought to the very end and a last-minute try from them was disallowed after the television match official deemed that it had not been grounded.

England 2012

```
Q G P M T R H U L V Y S F A N M N J W J U O G L Q Q S Q C C
E L S U H R U J X Z U G S W Z O F O D E N W M W M I X V D R
N G R J V J S Y G C D M L J A P R I E S T L A N D D W W A S
R T M O O G M W N Z V P J C X T L P K P I R B U Z Z Z J V G
B V T Q B P C I E S Z E B I A H I P M P B S P L Y B L X I Y
U H O B E E R Z H L Z I T B W N S Z K U X J H F J P G C E U
I K K B J S R Y C T O C T R J T K L R J X A M C Z N Z T S T
G O R B M Y G T J D D C W B T H Y T A C S R F G I J S T Q T
L B R O L S J G S H Z F K I E T O C U W Q Q F L O E B O V D
S H Z E M U S F S T I I R V S N B T Q B G B R J V N Q V H H
I F O Z I P W I N K W R W E K F H A N W X A H H N K X Z F W
W S P V L S A K B B A Y Q P D B O Z S V P P O Q L I O J H T
H E H N K S I U G B X X A Q E R H I E H M P I A F N G B E Z
O N R P J J G B H C C T R F A W S O B T F N Y H S T W N O
V O V E I J P D R S E K T A L C O J O Y Y O M Q O Q U N M E
C J R X G L A Q W O G S L F L G V T C W U F N H T V I G O V
J V Q S N B O L S U C E P G G M H H W S D C A U Z C L K H A
X P H I L L I P S D T E I V W A C J G Q J W I R P Q A F R N
Z U Y F U J A G I A N A Y Z Q E P Z G H Z D U U R U G R C S
N L M C G A C B U N Q G K Y S T I T G T Z F R J M E I P H M
I D S V U G Z S Y X T A S D H A D O S R D C H S C R L U O A
T A T X W M N H R M G R A V R I W G F O W J T V O U X L V F
P J R G E O K D V N O S K C I D T S K N W V F V W B D Z L L
U W E S C R L I P F D F E W U E C E B H Y O I E C X V M A
D N T I B G P T Y G F A T V C L V T J E H R W N X J O V G
Q P T S F A M F P Y L X P S D S C N S L O G C M S U B X N I
J G L C O N C H Y G P C S P I M U J T T S J J O M M E D S A
U W E T V I U O P V L W W Z T J E R F A F L W A H S B O R N
K Y T B S Q W T X O O T B P N Q A A C B B O N C N H R A W T
N Z X H T P E I Z V O O Q E V H R I H R J A Q M I A T Q Y U
```

ASHTON, BARRITT, BOTHA, COLE, CORBISIERO, CROFT, CUTHBERT, DAVIES, DICKSON, EVANS, FALETAU, FARRELL, FODEN, HALFPENNY, HARTLEY, JENKINS, JONES, JONES, LYDIATE, MORGAN, NORTH, OWENS, PARLING, PHILLIPS, PRIESTLAND, ROBERTS, ROBSHAW, STRETTLE, TUILAGI, WALSH, WARBURTON

Wales 30 - 3 England

Cardiff, 16th March 2013

Wales		**England**	
15	Leigh Halfpenny	Alex Goode	15
14	Alex Cuthbert	Chris Ashton	14
13	Jonathan Davies	Manu Tuilagi	13
12	Jamie Roberts	Brad Barritt	12
11	George North	Mike Brown	11
10	Dan Biggar	Owen Farrell	10
9	Mike Phillips	Ben Youngs	9
1	Gethin Jenkins (c)	Joe Marler	1
2	Richard Hibbard	Tom Youngs	2
3	Adam Jones	Dan Cole	3
4	Alun Wyn Jones	Joe Launchbury	4
5	Ian Evans	Geoff Parling	5
6	Sam Warburton	Tom Croft	6
7	Justin Tipuric	Chris Robshaw (c)	7
8	Taulupe Faletau	Tom Wood	8

Replacements		**Replacements**	
16	Ken Owens	Dylan Hartley	16
17	Paul James	David Wilson	17
18	Scott Andrews	Mako Vunipola	18
19	Andrew Coombs	Courtney Lawes	19
20	Aaron Shingler	James Haskell	20
21	Lloyd Williams	Danny Care	21
22	James Hook	Toby Flood	22
23	Scott Williams	Billy Twelvetrees	23

Referee Walsh (Australia)

Notes The Millennium Stadium had never seen a game like it. England were playing for the Grand Slam but Wales could win the championship if they beat England by more than eight points. In the end, the Welsh lead was so emphatic that Wales recorded their biggest ever win over England.

England 2013

```
Y K W Z B R Y A D G K R H B S O H T X P S R F Y T C L X J C
M Z P Y Z W P S K T I D I G J P A F I E D Q F G P Z O H K W
Y C H R L K H N W N T F J J E D V Y E P Q R M O K N U L X A
C Q I U G N I L R A P I L U R A G G I B U A E L Z Q G Y E R
C K L B Y A S H T O N J R H M F X M Z E D R I L A P S Q V B
P Y L H Y W P S J X O I I R S S Z N Y P F F I O R V X F U U
W Q I C D B B I T W R B I N A P E G E G Z A R C C A O V J R
F X P N C M R P A P B N I P F B Q M F F F M G L V D M M M V T
U B S U V Q O N B A T K E W A L S H R H S E H E T W T W Z O
J X P A J Q W C R U N S E V J G S C X B Q I A A T T I Y F N
J E H L L S N D L E S E W W J F V Z E X T T L K F A G I K W
P G J W N J M S J D O N K W K D H F C O J R F Z J O U T P U
W J U M R V E S T O R C W F S U J V I Y P G O O D E F B
I B I E Q B N K M J Q S L D J I A Z G S E Q X U I F J X
T L W W U D W O K M T J C L O S J U W S L H N H V N O E T Y
N V Z Y F R E J J M I F I S X Q M D N S O P N G D V Q Q R O
Q X J U Y V J O T U T L L E R R A F V K B I Y B S U G D I U
L A I K A J C A P K G S T T K Q E A R O W L M Y X W H Z H
U S C N Q I J G S Q A B O X U A T V X W A H S B O R S P Y G
N Y S U P Q M E I U U E R W T F T L Y O G V R W L N Y R Y S
X D C L H A T S R D U Q Z A M A W O B X E J K O R S E O H V
X F C V T Z W Y G Y X R Q F S B U G I H Y H D A J E A B L J
C J D V R R N U B P G C R R G N B Y V G K B S N K I G E X C
J D G I O H C I Z X K X G W G M U W Y B Q V D O C V N R W B
A G T D N N W H J H P S Z C K N I G A L I U T A J T F B
W O O D G U L W Z A C S L W B D W J C P R Z E M E D G S K D
R C U T H B E R T J K E O A G A Z M D D J I D K O H M X B F
G U X P W V H F H M X K P K P U Z N C P N E M L U D U N J B V
S S O K Y T B L O P L C I S B F O S D D J L P Y M E H H H W
U U V R W W Q T J N Z Z Q E E L D C B Z B U Z Q N L W H T B U
```

ASHTON, BARRITT, BIGGAR, BROWN, COLE, CROFT, CUTHBERT, DAVIES, EVANS, FALETAU, FARRELL, GOODE, HALFPENNY, HIBBARD, JENKINS, JONES, JONES, LAUNCHBURY, MARLER, NORTH, PARLING, PHILLIPS, ROBERTS, ROBSHAW, TIPURIC, TUILAGI, WALSH, WARBURTON, WOOD, YOUNGS, YOUNGS

England 25 - 28 Wales

Twickenham, 26th September 2015

England			Wales
15	Mike Brown	Liam Williams	15
14	Anthony Watson	George North	14
13	Brad Barritt	Scott Williams	13
12	Sam Burgess	Jamie Roberts	12
11	Jonny May	Hallam Amos	11
10	Owen Farrell	Dan Biggar	10
9	Ben Youngs	Gareth Davies	9
1	Joe Marler	Gethin Jenkins	1
2	Tom Youngs	Scott Baldwin	2
3	Dan Cole	Tomas Francis	3
4	Geoff Parling	Bradley Davies	4
5	Courtney Lawes	Alun Wyn Jones	5
6	Tom Wood	Dan Lydiate	6
7	Chris Robshaw (c)	Sam Warburton (c)	7
8	Billy Vunipola	Taulupe Faletau	8

Replacements

16	Rob Webber	Ken Owens	16
17	Mako Vunipola	Aaron Jarvis	17
18	Kieran Brookes	Samson Lee	18
19	Joe Launchbury	Luke Charteris	19
20	James Haskell	Justin Tipuric	20
21	Richard Wigglesworth	Lloyd Williams	21
22	George Ford	Rhys Priestland	22
23	Alex Goode	Alex Cuthbert	23

Referee Garces (France)

Notes Wales bounced back from a 10 point deficit to stun England in this World Cup thriller. Despite a glut of Welsh injuries, a late Gareth Davies try and the relentless boot of Dan Biggar saw Wales hold on for a famous victory.

England 2015

```
I Z B L I L L E R R A F G F H P C C P B E S T T B D Y X X G
T K H I W N R Z J H S A U U L K G Q X R A A A G Z J A Z Y U
Z R D P Q J V S J N R L B X H L Y A Z O M L K B X S N X G R
V W U M U P F I N C Y C W M Y J G F H O G F R A N C I S A R
H K F F O G E O E C Q A O D X C A C A L O P I N U V S O Z Y
J M X V K T Q S M N T L I L J L E J Z W X H D K O J P C H O
I T N C Z P S B D W K M A Z Y E A Z Z O E C E E W F Z J Q Y J
R G U F M O G I U W T S T Q P U E C O E P A A W R U O Q M
X V G D D X L N A E O T A Z L K P R Y N Q U L A W E S S C A
G S N W K L P G V J L U Y R Z P G G G C O M O R H D P F X V
D A V N I E G R R P U Z S S E G R U B I F S W J D W E H E B
N D Y A D Y C F K F W L A B L B F K Z F V F T T N I B H C N
A U M U D M L R A N E G N O T R U B R A W Q E A X O U O U N
M S T T S H B T O P X Y N U F U P K S Z V O H S W B C I U N
A Q W V Q M Z W O V I D Q K U O R I G X R H E O D W X T K A
U T F P G P G J T Z M N I W D L A B N T O S H G S Y H N G J
Y M T G N N W Y U B Z O G O Q H U Z U D V B N C C M C L A S
Z M N R S N N F Q S E N O J I Y Y B O F Y I I I C B I C S Q
W I L L I A M S K P M A R L E R J T Y D L D Z D Y D L A W U
G C S I A A A G M U Z V S F Z A P U A R F A F Z A S X L D H
N U B R R G J K Z I N S W M Z T T A E Z V I L P Y O V H
A A N H U F X Q K H L H W L T S T P A L R I D Q N U I Z H U
M D A S E I C U Q B C F Q O H O Z W U A K E A H A O J E K A
S H P R I P K Y R F W E K R K M Y G Y J S L S T E X W S H
O J T I U R O B S H A W U U W B L G A D G H Z T N C E I V H
M D G R A J A B S E Y Z R C P V I W D M S F I K P M A I H N
A A S J O K T P L W U G V L O B U P O V S R I J V A R S H A
S R B W K N Q Y X G O D S G N U O Y W L R N M Z X L B Z S S
S L O W W U O B O D J O D Q F H O E Y A S S M D S W U S T F
H V T D Z V J Z L U Y C D P K A T M B U S T R E B O R V V K
```

AMOS, BALDWIN, BARRITT, BIGGAR, BROWN, BURGESS, COLE, DAVIES, DAVIES, FALETAU, FARRELL, FRANCIS, GARCES, JENKINS, JONES, LAWES, LYDIATE, MARLER, MAY, NORTH, PARLING, ROBERTS, ROBSHAW, VUNIPOLA, WARBURTON, WATSON, WILLIAMS, WILLIAMS, WOOD, YOUNGS, YOUNGS

France 19 - 24 Wales

Stade de France, 1st February 2019

France

15	Maxime Medard
14	Damian Penaud
13	Romain Ntamack
12	Wesley Fofana
11	Yoann Huget
10	Camille Lopez
9	Morgan Parra
1	Jefferson Poirot
2	Guilhem Guirado (c)
3	Uini Atonio
4	Sebastien Vahaamahina
5	Paul Willemse
6	Wenceslas Lauret
7	Arthur Iturria
8	Louis Picamoles

Wales

Liam Williams	15
George North	14
Jonathan Davies	13
Hadleigh Parkes	12
Josh Adams	11
Gareth Anscombe	10
Tomos Williams	9
Rob Evans	1
Ken Owens	2
Tomas Francis	3
Adam Beard	4
Alun Wyn Jones (c)	5
Josh Navidi	6
Justin Tipuric	7
Ross Moriarty	8

Replacements

16	Julien Marchand
17	Dany Priso
18	Demba Bamba
19	Felix Lambey
20	Greg Alldritt
21	Baptiste Serin
22	Gael Fickou
23	Geoffrey Doumayrou

Replacements

Elliot Dee	16
Wyn Jones	17
Samson Lee	18
Cory Hill	19
Aaron Wainwright	20
Gareth Davies	21
Dan Biggar	22
Owen Watkin	23

Referee Barnes (England)

Notes Wales came back from a 16 point deficit at half time and made the most of a second half where the French side simply imploded. Wales would go on to beat France again later in the year in the Rugby World Cup Quarter Final.

France 2019

```
Y E V O P A O Q E A E U L Z Z D A R O Z X Z C U H U G E T X
J S N E A L R Z S S Z E V H Y M G K H T P I W R B E C O E M
Y U X B R W V Z W I L L I A M S U J W E U U W I L L E M S E
L B U J R A J C O X W F Q H R Q Q C H U A Y M K L B M Q W U
O E L L A Y W H C Y L X P G L R S G E E B W L N N X X H Q
O N D T P W K L F A N A P T B N K Z V X M O R I A R T Y E S
J D S E I G Z O E X R I A E T F K A N Y M V I C R S M P O
J B E N V E F F W T O V K T C Y F Y A N I H A M A A H A V A W I A
K B T T V A E H E Q N P F V T S Q E B M O C S N A H K D C I
C T P P N C P S M N J L T S E G F H S I C N A R F L J Z A B
S E F A X E O O D N B A U J O N E S I C B S I J M I U Y M Z
R T L Y Z J I S T L I Z E O F I I X Z I G U P J H O Y C O D
A E H J O T R N I O W H N N C X M S B Y S U D L Q L G K L W
V R B L P H O H D N B M O Z N Q P E N A U D I A T S V B E Q
K U E U M E T O E E B Q C F V A C V T Z L N Z R V S A A S J
B A A H A B S M R M Z R W A H M O Y A D O H C P A R U P U H
Z L R N Z H P C D H L I W R X K Q W L R A L V K N D K I Z P
L H D Z L M E N V R L Q K D S U X H M A T Q O E M W O Z D T
H N U K A X G X G L V Q R J F J F Z P D N Z S Q E S U T A A
N I V C W X T E S D B O X M V N W S E P P X Z B E D W W W W
F V W A V T N A F D S C B V U J Y R O M M D Y Z Q Q G W B D
Z Q K M B X M K H X Q C A M I H A D A M S K T P S R J N S V
G W Q A N S Y K M T P T I K K N L U C F D E Q J E B X L N P
R Y J T H C M F K X U X R X C X H B P I Z P G I C K A E H
L G V N G O B C U W F U A S U W Z Z J M D E S M V G V I W T
K Z B Z T N A D O Z I N G F Q P I L B I D P Z O A I C D O R
T C P I T U R R I A L J Z A S Z I P S N M O W V D E F G L O
N Y H M D U H T M D H P G S G G M T O X M L J I C E A K K N
X Z K M Y F O B M M F H V L S H N D F I J C L W T N N L T
L G E A T O N I O P H T J B Z M D G G W B Y X W F G O E A C
```

ADAMS, ANSCOMBE, ATONIO, BARNES, BEARD, DAVIES, EVANS, FOFANA, FRANCIS, GUIRADO, HUGET, ITURRIA, JONES, LAURET, LOPEZ, MEDARD, MORIARTY, NAVIDI, NORTH, NTAMACK, OWENS, PARKES, PARRA, PENAUD, PICAMOLES, POIROT, TIPURIC, VAHAAMAHINA, WILLEMSE, WILLIAMS, WILLIAMS

Wales 21 - 13 England

Cardiff, 23rd February 2019

Wales		England	
15	Liam Williams	Elliot Daly	15
14	George North	Jack Nowell	14
13	Jonathan Davies	Henry Slade	13
12	Hadleigh Parkes	Manu Tuilagi	12
11	Josh Adams	Jonny May	11
10	Gareth Anscombe	Owen Farrell (c)	10
9	Gareth Davies	Ben Youngs	9
1	Rob Evans	Ben Moon	1
2	Ken Owens	Jamie George	2
3	Tomas Francis	Kyle Sinckler	3
4	Cory Hill	Courtney Lawes	4
5	Alun Wyn Jones (c)	George Kruis	5
6	Josh Navidi	Mark Wilson	6
7	Justin Tipuric	Tom Curry	7
8	Ross Moriarty	Billy Vunipola	8

Replacements		Replacements	
16	Elliot Dee	Luke Cowan-Dickie	16
17	Nicky Smith	Ellis Genge	17
18	Dillon Lewis	Harry Williams	18
19	Adam Beard	Joe Launchbury	19
20	Aaron Wainwright	Brad Shields	20
21	Aled Davies	Dan Robson	21
22	Dan Biggar	George Ford,	22
23	Owen Watkin	Joe Cokanasiga	23

Referee Peyper (South Africa)

Notes Tom Curry's opportunistic score had given England a 10-3 half-time lead but a bludgeoning try from Cory Hill and a leap, catch and score from Josh Adams sent the Welsh crowd into raptures. Wales would go on to seal another Grand Slam, their first since 2013.

England 2019

```
Q K B R I H Z B C V Z C G W B I W N M H S Y A Z E B P H J V
J R E F U N H X Q T C K S N M J I D G J S I F X I X R C X H
E O R C C H V Z K F Z H K T O P W A Y F J B N V B H L V J N
C O M W I L L I A M S C M W H T V V N G L G M C K J I K M P
F U Z A E M D C B V E C M L G P L I M Y B E D H K G S L Y Z
A X O I Q W R D G F B I A F O D G E I I W L X S Y L V W A B
W L A X V G X Q P M B I H G E E S D T R U B G E B E R C R
L M H H J J A Q F N M B A X Y V O C V A T P I E C W X R O Z
M F A S G G Z O U I H I U A X A R M R B V G N L Y G A D T N
R Q E T Q L I U S N B S P D I N G U V F A I M F S U Z L Z I
W T L P Y M M D M X D I K W Q S E V Z L K C E D Q S L A D E
J M C A N O W E L L B S F M V W O F I B B A A S X X U N N X
O K M M K H Z R S I O W Z K Q G U E V G L J T I P U R I C
Y L T R B P V L N V U R R N G T W C T Y G N I C U E N J B
P U U X J E U E F W U S X U K F J K Y J O S F C X U S O I K
Y D P G P L W W Q N K R U I S R U H Y O U N G S N E F A
B O E I C O I B U P U S I O O G S E O M S M P A O E H N P I
T U S T J O X Q H A M O L P I J V L V U E G L I S R O W Z J
M U H O C S P X E R A G X I O P V P I L Q B R W C O W X Y W
Z L P N X E B A B K E X E B T J L D J W I X O F A M K N K S A
I Q O C U R R Y X E T X L Y T E A U R O O G Z I X A M X U I
Y A Y H E M Y B Z S V Y O X Z C J Q D F B F R T V P Z Z X I
T D P T Z F D A S T W Z L X H B G L C B A M I K X F H Q G I
C A Y D J C R N K V C Y C F D H S V W L A X D H F T A X O V
L M E U O B S M E M T Z W K J T A J F K I I X K C X R H E Y
D S V W I C U N O S L I W N S P Z W T C V H D R X R R T A K
Y X K Y O D U U K V N P E Y P E R M M N X T D L T S K E K J U
V U B M M O R I A R T Y Y T R Y N K X R U W L O I G L R P G
F L B P U X P S I C N A R F P P M P O B E U F F N K L G H V
B E S D K P B I B Y H X B B S W O N E I V J W D B O H X Z Y
```

ADAMS, ANSCOMBE, CURRY, DALY, DAVIES, DAVIES, EVANS, FARRELL, FRANCIS, GEORGE, HILL, JONES, KRUIS, LAWES, MAY, MOON, MORIARTY, NAVIDI, NORTH, NOWELL, OWENS, PARKES, PEYPER, SINCKLER, SLADE, TIPURIC, TUILAGI, VUNIPOLA, WILLIAMS, WILSON, YOUNGS

Australia 25 - 29 Wales

Tokyo, 29th September 2019

Australia

15	Dane Haylett-Petty
14	Adam Ashley-Cooper
13	James O'Connor
12	Samu Kerevi
11	Marika Koroibete
10	Bernard Foley
9	Will Genia
1	Scott Sio
2	Tolu Latu
3	Allan Ala'alatoa
4	Izack Rodda
5	Rory Arnold
6	David Pocock
7	Michael Hooper (c)
8	Isi Naisarani

Wales

Liam Williams	15
George North	14
Jonathan Davies	13
Hadleigh Parkes	12
Josh Adams	11
Dan Biggar	10
Gareth Davies	9
Wyn Jones	1
Ken Owens	2
Tomas Francis	3
Jake Ball	4
Alun Wyn Jones (c)	5
Aaron Wainwright	6
Justin Tipuric	7
Josh Navidi	8

Replacements

16	Jordan Uelese
17	James Slipper
18	Sekope Kepu
19	Adam Coleman
20	Lukhan Salakaia-Loto
21	Nic White
22	Matt Toomua
23	Kurtley Beale

Replacements

Elliot Dee	16
Nicky Smith	17
Dillon Lewis	18
Aaron Shingler	19
Ross Moriarty	20
Tomos Williams	21
Rhys Patchell	22
Owen Watkin	23

Referee Poite (France)

Notes Wales won this tense encounter with Australia 29-25 at the Tokyo Stadium to take control of Pool D. They would go on to knock out France at the Quarter Final stage but just fell short against South Africa in the Semi Final. South Africa went on to beat England in the Final, and claim the 2019 World Cup.

Australia 2019

```
V L W C P Y H R O U L L O A L A Z M S A D A M S U M P Q I F
R A G E V L F O J D D P R O F R N D R U I M G Y V B S C V D
M S S C D W J N O V O R G Q J N E T W H H G E X E L W A I V
F R E P D R L N N D G I O U R O S T S Y D O G E N I A O B Y
Q N I K F C Z O E D V U Z V O L I J V B Y F I F O X K T I X
O Q K V R H P C S X A N Y P V D N W Y W T L R J Q T V A Y J
T Y S A Y A G O Q H L A R B N O N A I S A R A N I M M D B L
Q A K O J Y P D D V A L S T E M L S F B K T B U L E M A K A
B S L I I E R W A E A K E H K O S W N W I L L I A M S V F V
Q Q O S R O J W V B L Z P H L N I X P P Y X F U R H B I C E
P A M Z R O L E I P A V T Q R E E K O R O I B E T E H E F R
O U D I U F N W E S T V E N K H Y A W J Q V T Q C K O S F B
I R L D N R J A S J O K L Z F G Z C U Z Z D S W R Y L O C S
T Y U S O T B E V H A N P E B L B I O X S O X N G L L U U W
E Z Q P J R D Z B I R Q P U O X X C J O B U C F R E P E N V
G X G H V M B I H C D E D D U V V Z R G P R D V Y O G J H X
O O M V V E P E G P K M I S Q P K U U C R J E P I C B A X W K
K Y C D Z P I H Z M A R O P H F U C O Y G V R O U Y N Z T D
S Q R X O X T Q E M P K Y A B L R Z Q A C B C R K Y T R C Z
I R H O B R P S A N G I Y W M I V E R E K K K R G V Y B X E
X E P M O M T W U Z Y L J A W N J Q H P S Z X H I R E S R
B P V N B M J N C N E D T H G I R W N I A W L B I G G A R G
I O Y N U T A L B T Z I Y R I U N C F M C Q T I L B D D C E
R O E T F E D X T O H S X T U O Y E E R P A Q T Y M Y P W R
Q H H F G T I P U R I C N U Q V W K Z W Y D H I K X C F W C
F U X Z N E P I H R K D V L N C S U B X G R Y B E L Z X O
M G U R J T S N E W O J G N G Y X F R A N C I S E Z V L R E
X Z U Y T A W S E N O J W Y G R L T M X W N E L L Y S P A H
Q S I Y K N U J W X V C O X V N S H L S N W W Y B O V C L B
G H Z G M Q F Z C Z S J B Z W D S T T M Y C A K G W U R L L
```

ADAMS, ALAALATOA, ARNOLD, ASHLEYCOOPER, BALL, BIGGAR, DAVIES, DAVIES, FOLEY, FRANCIS, GENIA, HAYLETTPETTY, HOOPER, JONES, JONES, KEREVI, KOROIBETE, LATU, NAISARANI, NAVIDI, NORTH, OCONNOR, OWENS, PARKES, POCOCK, POITE, RODDA, SIO, TIPURIC, WAINWRIGHT, WILLIAMS

Bonus Section

Great Welsh Club Victories

Llanelli 9 - 3 New Zealand

Llanelli, 31st October 1972

	Llanelli	New Zealand	
15	Roger Davies	Joe Karam	15
14	J. J. Williams	Bryan Williams	14
13	Roy Bergiers	Bruce Robertson	13
12	Ray Gravell	Mark Sayers	12
11	Andy Hill	Duncan Hales	11
10	Phil Bennett	Bob Burgess	10
9	Ray Hopkins	Lin Colling	9
1	Tony Crocker	Keith Murdoch	1
2	Roy Thomas	Ron Urlich	2
3	Barry Llewelyn	Graham Whiting	3
4	Delme Thomas (c)	Andy Haden	4
5	Derek Quinnell	Peter Whiting	5
6	Tommy David	Alistair Scown	6
7	Gareth Jenkins	Ian Kirkpatrick (c)	7
8	Hefin Jenkins	Alan Sutherland	8

Replacements

	Llanelli	New Zealand	
16	Selwyn Williams	Grant Batty	16
17	Alan James		
18	Chris Charles		
19	Brian Llewellyn		
20	Gwyn Ashby		
21	Meirion Davies		

Referee Titcomb (England)

Notes In one of the most famous results in Welsh rugby, Llanelli won the game in front of 20,000 spectators. The results was forever immortalised by Max Boyce, whose poem 9-3 appears as the opening track on his *Live At Treorchy* album.

New Zealand 1972

```
V H A J L G O U B B U R L I C H M M C A X R N Y J L J P X B
Q Q P G F K N H N W I S X Z U Q I R G N N B W E K I L E D S
N D V T D J P M X E N I W H I T I N G T J E O L R L V D R N
A L K P K U M A Y I M X E E R S U R W S T Q C P E N T P O S
D V X R S T W D K W D O U N S M H W E G B U S N F T W N T X
I F K N V P H N U T V N A M X W X Q L N H K C H O B B
V R I D C L E N D Y G X M M Y E C J C C I G Y K Z E S V M
A M D W G J J H C N P E X M O V J W H P U O L C A G R T H T
D F X Y E R V P W H M V B I H Q G S A Q W Y R S F M Z R R J
O T L X W H I T I N G N J T A O K D V D B M C Y R P E B K
N K D G C B S Q A Z Y F I Y V F T D E Z L E P B U F S B V J
K F L L I H E R Q Y S S Z O B N M T N H E R F P F U S O P Z
O X D O H T J X Q S U R J Z R I A J H O G U A T O V R J T
C Z H O F K G N K M P E F E Y G N T R W C I X H E I K T S C
I A O B K V J I E W G U I Z Y X R K Z A N E E D A S K A R H
Q U D Q C Q A R U F L S Y V O A S A L D K R S L H K W K O Y
C G P E I O H X I E Y B R P A C S N M F L S E C S C U P Y W
Z P L S R H E N F Q J H M F C T D G T S A E Z O E D B K G V U
W D X M T H V Z F X V K T O P W G A N M U D S R T I O W N N
B F R A A U P H I C U T E P M F M D C L R S E F N U N J I B
Q E N I F O W O I E Q A Q N O H D H U N M K S O R F G O Z
P D D L K J B X I N W M L Y H N M B M E R A J B T E V J D Y
M X O L R V B N M V K L T M T V K Q X W I O I I H Z H K M
J J P I I Q P E L S Z E X G G M J F E Q Q L A X T X D B Z Y
E L L W K X B P E W W T C Y K R I O C X A L J B C B I A E I
N M G R A V E L L E H C O L L I N G F T C I C M O M M V O W
K V P G G F A V L E C P F D U K D E H Y M W L E M O Q J K Y
I D F A J V L M J Z K V G C Z V C V Z G T B S R O I F
N G Q L J T H A L E S H B M H Q G T D D N U E G I G Y A J M
S G C P E K K C H B O H G A A P H J O S S E G R U B U M A V
```

BENNETT, BERGIERS, BURGESS, COLLING, CROCKER, DAVID, DAVIES, GRAVELL, HADEN, HALES, HILL, HOPKINS, JENKINS, JENKINS, KARAM, KIRKPATRICK, LLEWELYN, MURDOCH, QUINNELL, ROBERTSON, SAYERS, SCOWN, SUTHERLAND, THOMAS, THOMAS, TITCOMB, URLICH, WHITING, WHITING, WILLIAMS, WILLIAMS

Toulouse 34 - 41 Scarlets
Toulouse, 16th December 2006

Toulouse

15	Clement Poitrenaud
14	Vincent Clerc
13	Maleli Kunavore
12	Florian Fritz
11	Cedric Heymans
10	Gaffie du Toit
9	Valentin Courrent
1	Daan Human
2	Yannick Bru (c)
3	Jean-Baptiste Poux
4	Fabien Pelous
5	Patricio Albacete
6	Jean Bouilhou
7	Thierry Dusautoir
8	Gregory Lamboley

Replacements

16	Virgile Lacombe
17	Salvatore Perugini
18	Romain Millo-Chluski
19	Yannick Nyanga Kabasele
20	Jean-Baptiste Elissalde
21	Benoit Baby
22	Trevor Brennan

Llanelli Scarlets

Barry Davies	15
Dafydd James	14
Regan King	13
Gavin Evans	12
Darren Daniel	11
Stephen Jones	10
Dwayne Peel (c)	9
Iestyn Thomas	1
Matthew Rees	2
Craig Dunlea	3
Adam Jones	4
Scott Macleod	5
Dafydd Jones	6
Gavin Thomas	7
Alix Popham	8

Replacements

Ken Owens	16
Deacon Manu	17
Inoke Afeaki	18
Nathan Thomas	19
Liam Davies	20
Ceiron Thomas	21
Garan Evans	22

Referee White (England)

Notes Scarlets centre Stephen Jones had not long returned from a two year stint at Clermont-Auvergne, and it was his inspirational performance and 16 points from the boot that helped Llanelli Scarlets notch a famous victory in France. They had to overcome a 21 point deficit twice to achieve it.

Toulouse 2006

```
E I Q O R L P B C X H Y P M M V K A T K G B R E B C U Q U A
V R E E S D R G U K N V S I O K G E E M T C F Q M Z O S N A
I I F U U W G O U G M A H P O P O P E L O U S F E H V U P I
Y K M Q J A Q Q L S E M E V J K L K G F U C A W S X U Y T Q
S D C Y E L O B M A L O A V P Q Q I D G R E A M O G C X D N
T F X Q G H U F Q U O H K W A R A U I A F T H D K U M U U H
X D M Y F W O Q B K D Q E C Y N A S N A M Y E H M N T K J Q
O X Y Y I K G G W L O M D M G Y S U X K M Z K O E O K U R W
Q D D Q B U F L O U H I U R U J R K Z L P X J F I U C M C D
Q L B C N P A S Y L C J L B A X X S K Q Z W F T C M J Y O G
X Y E K U N A V O R E H H G Q N B L N H U Y S Z B O P Y F U
J U V I X E A E H V L T Q F U N E C E X J R N X T U Q E A L
W S F U R O R Q X U F F A A H K P R E L A Q S H Z M Y U O P
M J Y F S Y O O Q S T N E R R U O C T V C J L D U Q B I D A
O S Y O R Y L S S B J L W Y V V Q G W I E R H H T Z Y J A D
A U U I K E P Q F Z B F Z W X L Z I Y U O D B G S D T V V U
J A M E S J C C G V W K Q D T I Y R W Q W P O U K T H B I N
F E V L N C C R R M U Z X O E U U Y U I E N A S E N O J E L
W T P O U X G N E M I N B T I O R A O L E E P S O F M O S E
H D Z S H T S V L L E E B P A H B A B I G B I C Y C A N Z A
I P U E C M E R O U C W E Q A L V A K S D C K H C B E S E L Q
T L S S L M F T F N O V D C T I X C T B J L C A S C Z S D X
E G A E A T B L E F F Y L C D U B T R V N L Z Y H D W N V K
L V Q K E U K C C C G C C Z Q O K I N G K I X A L E I N A D
T E K H V Y T F V U A L B J P B E D P D F M F M B Q O Q E Z
U G H G R G W O Q B R B O K W Z Z S O C Z Y O O B E I W F S
G A F H U M A N I P A N L N N C M Y M K L N Y V R A N P J A
C S Q L A A O A N R E D E A D O E L C A M A N E E Z T I R F
Y K E J A T R J I S X E A R R G I C D O N X U P G L U E A Q
K H B X A Y D S N O Y Z Y Y D Y R R P K T H O M A S B U U
```

ALBACETE, BOUILHOU, BRU, CLERC, COURRENT, DANIEL, DAVIES, DUNLEA, DUSAUTOIR, DUTOIT, EVANS, FRITZ, HEYMANS, HUMAN, JAMES, JONES, JONES, JONES, KING, KUNAVORE, LAMBOLEY, MACLEOD, PEEL, PELOUS, POITRENAUD, POPHAM, POUX, REES, THOMAS, THOMAS, WHITE

Leicester Tigers 6 - 23 Ospreys

Twickenham, 12th April 2008

Leicester Tigers

15	Johne Murphy
14	Ollie Smith
13	Dan Hipkiss
12	Aaron Mauger
11	Alesana Tuilagi
10	Andy Goode
9	Harry Ellis
1	Boris Stankovich
2	George Chuter
3	Martin Castrogiovanni
4	Louis Deacon
5	Ben Kay
6	Martin Corry (c)
7	Ben Herring
8	Jordan Crane

Replacements

16	Benjamin Kayser
17	Julian White
18	Richard Blaze
19	Tom Croft
20	Christophe Laussucq
21	Sam Vesty
22	Tom Varndell

Ospreys

Lee Byrne	15
Jonny Vaughton	14
Sonny Parker	13
Andrew Bishop	12
Shane Williams	11
James Hook	10
Justin Marshall	9
Paul James	1
Richard Hibbard	2
Adam R Jones	3
Alun Wyn Jones	4
Ian Evans	5
Ryan Jones (c)	6
Marty Holah	7
Filo Tiatia	8

Replacements

Huw Bennett	16
Duncan Jones	17
Ian Gough	18
Jonathan Thomas	19
Gareth Owen	20
Jonathan Spratt	21
Aled Brew	22

Referee Rolland (Ireland)

Notes An epic all-round performance from James Hook inspired the Ospreys to a deserved victory in the EDF Energy Cup final against Leicester at Twickenham. Hook was involved with both of the Ospreys' tries, first setting up Andy Bishop for the opening touchdown before finding Alun Wyn Jones just after half time.

Leicester 2008

```
X I D J C A R P I P S E L L I S W D C B G W X U G G L G N Z
C Q O H C U J F V Z B A L I X F X Z D K X O V L H O R X Y I
X T C W I Q H K P O V J R L S Z G O F B U D C L L P J W C H
D S T T H B A S X O T U H I E Q I S L G M B L W B O N Q S C
T B U D U C B E V I N D E J X C A M T M U A M N N C M E F S
S I K P P I Z A M T I J Q B Y L Q C M G H S C E C V U J C Z
S I A B D K L W R J J T C N I C N V N S W F S C A C R T H J
F U R T A Q F A J D U Z Y F Y T R I R R C H I U H D P W V X
N O L Z I B C S H G C N R W R S H K A C E J T G C M U H R L E
G O V Y N A P G N I R R E H X M M H N T F H S I N O Y B D G
F E K G O Q H B H I T K V N O G D R O X T S N S J T H J K U
K Z E O C M T H A E R U V I A D Y S X O M S A I Q Z H Y Z F
Y A C R A Z I C B A L H L T E B N N E H V J L X M A B Y
K F O J E I M I P Y L S Z P P W T D S O L K E J E D W K X Z
V J R W D T S V J B O B I X K S A I N F C W K A Z D K F Y F
T A R I X A C O E R N B Q E M K N S I A X A R A E E Y U F Y
M W Y L Y U K K M M X S J J L N E S T S Z T I C Y S C Q I M
X B I L R F O N Q T C U Q W A J S R S P C A G E N S H M D N
N E Q I V T A A W S N A Q V R X K E J A C K I B X I L P M U
N W O A O W K T C P H I O W J C J Z X H A D F H P H N A D S
M C O M Z B T S S L M I Z J C R X D B Y K A V K I F U A J D
N I U S Q L U I H O G C E W C Z F K C K J S I R Q G Q H T E
J S R X A T F N F O Y R C Q D K H A L O H S A X E J L N J D
O Q Q W J N A S R M Z V E R J T N S N L S M Z R I V Q B T O
N W K D K H Y T G J I F E Z A R B E M X U Q D F R K K F H E
E Q I W F A S D N A Y O M A B N S K X F P P P T C H U T E R
S K I B T A N R E D O O G C K A E P U J A D N A L L O R K Y
E O U Z C G T O L J V D O F S M G C C Z G R D C Q F B U N Z
L O M X N J J E N J K Y I X E M K S O C M T P J C B U D H S
G H M L X C R E Z X S E M A J V F J S L F F T D B I S H O P
```

BISHOP, BYRNE, CASTROGIOVANNI, CHUTER, CORRY, CRANE, DEACON, ELLIS, EVANS, GOODE, HERRING, HIBBARD, HIPKISS, HOLAH, HOOK, JAMES, JONES, JONES, JONES, KAY, MARSHALL, MAUGER, MURPHY, PARKER, ROLLAND, SMITH, STANKOVICH, TIATIA, TUILAGI, VAUGHTON, WILLIAMS

Gloucester 12 - 50 Cardiff Blues

Twickenham, 18th April 2009

	Gloucester	Ospreys	
15	Olly Morgan	Ben Blair	15
14	Matthew Watkins	Leigh Halfpenny	14
13	James Simpson-Daniel	Tom Shanklin	13
12	Anthony Allen	Jamie Roberts	12
11	Mark Foster	Tom James	11
10	Ryan Lamb	Nicky Robinson	10
9	Rory Lawson	Jason Spice	9
1	Nick Wood	Gethin Jenkins	1
2	Olivier Azam	Gareth Williams	2
3	Greg Somerville	Taufa'ao Filise	3
4	Will James	Bradley Davies	4
5	Alex Brown	Paul Tito (c)	5
6	Luke Narraway	Maama Molitika	6
7	Akapusi Qera	Martyn Williams	7
8	Gareth Delve (c)	Xavier Rush	8

	Replacements	Replacements	
16	Scott Lawson	John Yapp	16
17	Carlos Nieto	Rhys Thomas	17
18	Marco Bortolami	Deiniol Jones	18
19	Andy Hazell	Andy Powell	19
20	Gareth Cooper	Richie Rees	20
21	Olly Barkley	Ceri Sweeney	21
22	Charlie Sharples	Gareth Thomas	22

Referee Rolland (Ireland)

Notes The Blues totally outplayed Gloucester in what was the Cardiff side's first final since being formed as a region. Leading 22-5 at half-time, the Blues reached the magic half century after Gloucester's defence finally caved in.

Gloucester 2009

```
F B V V B Y U O A N K J U R W P U L M D U U A L S C D W N D
V N M A N D G C R L M N L Y M E H S D H O P I D B A O G T Y
N L Z T M Y H T G K L L W A I A R V T E Y A I E W O V E F I
L O G T Z H X F S R C E G L N I P J H N V Q C L D G K M D M
W L V W I T S R S O T R N U A Y R A B F W P T V H E N E Q D
H Y I L F H O C Z B H E L L I V R E M O S I T E H K S A I W
X A A T X R C M T I L W B A G E L K X C H J X Q D D W R M S
K F K W P F T X S N G D Z S X C V E B H A F Z C P Q Y Z O H
X Y L R A F I M E S V D T P R S M T I M I E S I L I F M R A
Z N F S U R C G Y O G O W M M F U D E N A L C X S E Z C G N
L A D U N U R N S N R R T C R R A S S Z A L K I D A K Y A K
U N X Q Z I U A R W B C F S P T T T M X S D A Y G K R Y N L
Y O Z K B A K D N E N T Q C H U P Q A A U Y N W D B V E E I
Y Q L A U B B T R A T O R B C O Z L I X E G L O O E A V Q N
N M Q W M E R D A X G A N F H P Q A L U V D E F S U Q A E H
N O W K Y J O Y C W B V G A E V D Y L L M M B D Q P X B Y P
E L I I O M W D Y T L S R V O X U F I P W R B Y D G M S B Z
P I L U R N N Q B W I K L H W U D W W S P O I G L I N I E P
F T L G T F Q J D I K U C X T U Y V V E Z G Z N K N D C S P
L I I B U H V D J L U A M H Y C N X C V M X Q I I U S W U E N
A K A X C S U N C B V J H F I B R E S A V R M J B E J A T E
H A M E A L A W S O N J G H K S V F Y J C Q G D G L Y E B M
Y T S L B H Z Q C Y W T D R J E U I B X S T R E B O R T L
T P Q K S Q R V T Y J C A Z A M F I S T O W F V R Q K M S J
P G I U P E C G S B Q C P X E B M W V N I E L P M D U P G A
P R S T U C Y O B H Y G V L J H J R A C U R S N I K N E J
I R T S Q T C P D T N A R C J Z F M V L D N T K G T A B C T
B G O U L I B D H O I X H E B R O L L A N D I S B M A L W N
H F B D B L Y O F Y H T F R C U S P S P I C E R F J U U O B
P W P F K W B B E W U K U M M R V I M V A U X C B P S B H I
```

ALLEN, AZAM, BLAIR, BROWN, DAVIES, DELVE, FILISE, FOSTER, HALFPENNY, JAMES, JAMES, JENKINS, LAMB, LAWSON, MOLITIKA, MORGAN, NARRAWAY, QERA, ROBERTS, ROBINSON, ROLLAND, RUSH, SHANKLIN, SIMPSONDANIEL, SOMERVILLE, SPICE, TITO, WATKINS, WILLIAMS, WILLIAMS, WOOD

Cardiff Blues 28 - 21 Toulon

Marseille, 23rd May 2010

	Cardiff Blues	**Toulon**	
15	Ben Blair	Clement Marienval	15
14	Leigh Halfpenny	Gaby Lovobalavu	14
13	Casey Laulala	Tom May	13
12	Jamie Roberts	Sonny Bill Williams	12
11	Chris Czekaj	Jérémy Sinzelle	11
10	Ceri Sweeney	Jonny Wilkinson	10
9	Richie Rees	Matt Henjak	9
1	Gethin Jenkins (c)	Saimone Taumoepeau	1
2	T. Rhys Thomas	Phil Fitzgerald	2
3	Taufa'ao Filise	Davit Kubriashvili	3
4	Bradley Davies	Esteban Lozada	4
5	Deiniol Jones	Ross Skeate	5
6	Ma'ama Molitika	Joe van Niekerk (c)	6
7	Martyn Williams	Juan Martin Fernandez Lobbe	7
8	Xavier Rush	Fontunuupule Auelua	8

	Replacements	**Replacements**	
16	Gareth Williams	Sebastien Bruno	16
17	John Yapp	Laurent Emmanuelli	17
18	Scott Andrews	Tim Ryan	18
19	Paul Tito	Jocelino Suta	19
20	Sam Warburton	Thomas Sourice	20
21	Darren Allinson	Mafi Kefu	21
22	Dai Flanagan	Pierre Mignoni	22
23	Dafydd Hewitt	Tana Umaga	23

Referee Rolland (Ireland)

Notes The Blues made history as the first Welsh team to win a European trophy after beating Toulon to claim the Amlin Challenge Cup. Toulon were leading 13-6 at half-time thanks to a Sonny Bill Williams try but lost star player Jonny Wilkinson, who injured himself taking a kick. The Welsh side surged ahead and held off a late comeback by Toulon.

Toulon 2010

```
S Q A N Z D H H M K B P P C A K T S I N Z E L L E T J Q S Z
H J H B U Z N A A Y U F E R N A N D E Z L O B B E F H A M C
F L Y V A P R V R J S F Y Q F N X Q I B Y C D A K G V G V C
C W B T P I O E E Q T F B M Q I B R Y U H G Z Y E N D K Y N
J Z O D E Z E N Z I R W H F E W S V O K S Y X O V C H G K A
B A C N Y S K U A L E R H N I M C U R S H H C M Z B A U F
E Y V R S I Y O O U B L H E G M N T U G B W A L A Z A L R L
F A D M N R B C K S O H T A U M O E P E A U R J Y G E W G W
L Z O S C E U X P H R P X J Y M B F U B H T K D J U U Q G L
X U G J W D K E S Y M O U J M A T E B V P K M O A E J C A O
S A M O H T M K X I O E V D J Z M Z V Y A E B F U O R Z L R
E C M K B V L W F L I T H S Z C G V A J W D F Y N O D E D D
O R M G H E M P W T L A K O T L M V N A M O X E D A A K L D
H U A M B I S J Y A I E O E H S W E K S W I S Z V V H A U Y
C X M G X C G L F E V K X Z T O H O F W U O C I R A N J U F
K A L A L U A L T R H S S G S R B S Y E D Q E P L H O R H G
C Y U T O G F H C M S T I F G T Z U A E T S J F B W S N A V
O V W P G O A H M S A K A I B M P X X N D C P F X J N I G X
U D T R R K T F R C I B F X P O E Q H E B E O G B O I Y Y A
P Y F J Z B M X T R R V P E L S S D Y N L R V M X K C H C H
S W N P Z S F Q Q B T G K S I I O Y N T Y A O D K L G K I
M R T V S B M L S M U I X L C T L Y Y S G K U I L I I K T I
A V T D V W T A P D K O V T Y I I N T Y C O J E R L W Z I D
I T K K M A I J I Z W V Q J D K F R K L G Y G P W J A M P N
L D B U E J L H B L E W A H X A H L K R G C M Q J C N D V
L Q E L J J P O E D L A R E G Z T I F W T K T K Z G O D B
I C U P U N O Y Z D N I C B O O G W J K R E K E I N N A V Y
W I X U S U S Q F A W O W P W R R S C G Q Y S L O P V Q S
S V D H O D V P R Y D M O P Q A D H N D B C F K J S P B R K
I T R B B N L O V O B A L A V U E I R T Z S H D G V V A L A
```

AUELUA, BLAIR, CZEKAJ, DAVIES, FERNANDEZLOBBE, FILISE, FITZGERALD, HALFPENNY, HENJAK, JENKINS, JONES, KUBRIASHVILI, LAULALA, LOVOBALAVU, LOZADA, MARIENVAL, MAY, MOLITIKA, REES, ROBERTS, ROLLAND, RUSH, SINZELLE, SKEATE, SWEENEY, TAUMOEPEAU, THOMAS, VANNIEKERK, WILKINSON, WILLIAMS, WILLIAMS

Leinster 30 - 31 Ospreys

Dublin, 27th May 2012

	Leinster	Ospreys	
15	Rob Kearney	Richard Fussell	15
14	Fergus McFadden	Hanno Dirksen	14
13	Brian O'Driscoll	Andrew Bishop	13
12	Gordon D'Arcy	Ashley Beck	12
11	Isa Nacewa	Shane Williams	11
10	Johnny Sexton	Dan Biggar	10
9	Eoin Reddan	Rhys Webb	9
1	Heinke van der Merwe	Paul James	1
2	Sean Cronin	Richard Hibbard	2
3	Mike Ross	Adam Jones	3
4	Leo Cullen (c)	Alun Wyn Jones (c)	4
5	Devin Toner	Ian Evans	5
6	Kevin McLaughlin	Ryan Jones	6
7	Shane Jennings	Justin Tipuric	7
8	Jamie Heaslip	Joe Bearman	8

Replacements

16	Richardt Strauss	Scott Baldwin	16
17	Jack McGrath	Ryan Bevington	17
18	Nathan White	Aaron Jarvis	18
19	Brad Thorn	James King	19
20	Dominic Ryan	Tom Smith	20
21	John Cooney	Kahn Fotuali'i	21
22	Ian Madigan	Matthew Morgan	22
23	Dave Kearney	Tom Isaacs	23

Referee Poite (France)

Notes Shane Williams signed off his Ospreys career with a late try to nudge the Welsh side ahead in this Pro 12 Final. Dan Biggar had to take the tricky conversion to put the Ospreys into the lead in the dying minutes of the game.

Leinster 2012

```
P X J V O S W V R R B M Y S I Q M R E N O T P B B C T E E N
N I U H J E N R B V R H H P E V Y W F S M G Z M C Y X Q M C
T S S H M S O X O S M F O J B M T Z U O Z U O T W H X K N Y
D W K F K C D L O E V A O L D C A R A Z O Y S Y D S Q U I A
R D D C R Q M Z G K E N C V P L B J N A D D E R F H G D Y O
T I K W G R X Z V N E U V Q Y K D P U S M A I L L I W C C O
C G Z K I H J H P S R U A Y J E N N I N G S I Z I W R A V G
M K K Z M Y Y C H H I B B A R D P Q Y Q K O Q A A A I C
P Y D Z Q O O Y B B H Y K Q Z G F K Q E D J N Y P J
A L I A Y H N D S S P O W R A G G I B R E O E V W D M N O Z
B L R B Q X L R S J E K G Q U H R M B L A P L V E A O B I C
S E K H W Y D I O O D N T I X K A N J X J X Q R L T B K T N
G S S C S Q Z S H N C N O Q H R B W I F B X M O X E U B E I
P S E Q Y U H C E E B O C J C X N A E W M E M E W Y M M B L
H U N M I U C O Y S Q L U W M U I V J C R F S W T P C I U S
I F V D N I P L N L G B L P I E N P I W A J F V S F S N P A
W D Q I R Q J L Y G S T L A C Q O I E Q Q N K A A H T I P E
F Z S U L J T K T I J B E A X E R K B I K M N D O L J L T H
X Y P F J D R X Z X A V N I G G C T E N B O D P T G T H G L
P I K K Q S P U N Z R J R E I E Z T N E E I B D G Z M O F G
T R S V Y S U Q T Y I J Q D V Q U U K J N Z H I S E B U W G
Y X Y Y T P U E Z W G H R N P Z U E E O E T K P B F T N A A O
X C W L X M C O E Q Z K O R F U Q S H E A Q T S A R L N Q
A D R K T T Y D V D V T A R M V E B N S P M M M U X C S R F
J X Z D E V A A P P Y O D H A T Q G M V E A O R B X M Y M A
T X U K K A O Z Y O L G F B Q I Q W G G Q V A F C N L E B A
S E C A M F R H G A F M L J M X B U A V E A V Z K C X C M
M E P Y I F P N N B G Z L V R P M E L K B L W N B G P G U Q T
B A F W V N P D E A C T X X O L G R Q J V I P A S B C F O N
H L T Q N U J S V Y Y X X J L T N B R G G F B B O Q J P I M
```

BEARMAN, BECK, BIGGAR, BISHOP, CRONIN, CULLEN, DARCY, DIRKSEN, EVANS, FUSSELL, HEASLIP, HIBBARD, JAMES, JENNINGS, JONES, JONES, JONES, KEARNEY, MCFADDEN, MCLAUGHLIN, NACEWA, ODRISCOLL, POITE, REDDAN, ROSS, SEXTON, TIPURIC, TONER, VANDERMERWE, WEBB, WILLIAMS

Munster 22 - 46 Scarlets

Dublin, 27th May 2017

	Munster	Scarlets	
15	Simon Zebo	Johnny McNicholl	15
14	Andrew Conway	Liam Williams	14
13	Francis Saili	Jonathan Davies	13
12	Rory Scannell	Scott Williams	12
11	Keith Earls	Steff Evans	11
10	Tyler Bleyendaal	Rhys Patchell	10
9	Conor Murray	Gareth Davies	9
1	Dave Kilcoyne	Rob Evans	1
2	Niall Scannell	Ryan Elias	2
3	John Ryan	Samson Lee	3
4	Donnacha Ryan	Lewis Rawlins	4
5	Billy Holland	Tadhg Beirne	5
6	Peter O'Mahony (c)	Aaron Shingler	6
7	Tommy O'Donnell	James Davies	7
8	CJ Stander	John Barclay (c)	8

Replacements

16	Rhys Marshall	Emyr Phillips	16
17	Brian Scott	Wyn Jones	17
18	Stephen Archer	Werner Kruger	18
19	Jean Deysel	David Bulbring	19
20	Jack O'Donoghue	Will Boyde	20
21	Duncan Williams	Jonathan Evans	21
22	Ian Keatley	Hadleigh Parkes	22
23	Jaco Taute	DTH van der Merwe	23

Referee Nigel Owens (Wales)

Notes Liam Williams scored in his final game for the Scarlets before his move to Saracens. But it was a team effort that helped snuff out Munster and claim their first Pro12 title since 2004 .

Munster 2017

```
L X K M R J L L D H N G T U G Y V B R A W L I N S Y S W R F
L L M P V Y S V F M A W I W L S N T W K S W R Q A O V R Y
R B F M P O A I J W E X I Y G O N U C G Z E B O F M R Z U U
L F Z Y W T M N R B W L B R J H L V Q J E L T P A Q J C R Q
T O Y R J K B Q L F L J Y D A W Z A P C U Y Q H Q Q A Q W A
E B A R H O L L X I A Q B P L O G F S B G J O G L O M S I K
H Y R Q M B T I A X H S C A N N E L L G A N D O I D Q P D P
H U R Q Q S I M C B S D X E B V J H M Q Y I L A A K O K Z O
R C U L I X S E L S D U X W I L L I A M S L V N V J W X F Z
W F M O E N Y O C L I K X V B K H R G P M Z O L L I H V D T
U N E V K I M T G M T B V G P Q K S K K M X L W D E W Q E
H O H E A R L S N T R D R S Q B K C E T C A E A O E K S D X
O B P M T Q N P F E A S O G C O H S I L C N Z X P Y A Y E P
L Y H I E Q Z S J Z V K Z I U A Q A V K N F I J Q B U V Q T
L L F H A M A C V A S H N A F C N O A O Y H S L E W K U C H
A E Y I X I R B T X Y I N Z D P N N D V Q Y U N M X O P L K
N V K S L O S D I Y N D F K U B G O E R L G P P C H F P J Z
D S Z I F V S N R M X C D D O L K P O L H W D V N Z Q M C V
G L E U M X Z I A V H R T U F E E D G O L V B H I Z B E B D
C T R M K R D T B T K G X V T X E J K Y Q Q C F S H G A
G B D D C E I U B R E W D Z D E Y D N M O X R D H K N Q V
I A U E B D I O C T E P L Y R N P D R T O A R B O H A N Z I
B R H Q B N A C A N U Z H X X D Z N I W U L P C L S V J Q E
T C Y Q Q A J Q E A U I O T A A R P E V F W S L L J E V U S
T L P T O T N T U Y S H R X U A F I B N E M E A P U O L D Z
K A K D Y S K E J R J L O Z A L Y G D X C E O T I F S O W P
K Y Z F S I Z K N I I L G V X Y H X I F E T Q J O L P P E F
O Q C O N W A Y N Z W B R E L G N I H S X E L A I P E P U Z
U Q X I Z P A T C H E L L R Y L T K M E B M Z I F T T M P A
V F O W E N S X A K B B U T C P X K B V Y E G X F C C K R C
```

BARCLAY, BEIRNE, BLEYENDAAL, CONWAY, DAVIES, DAVIES, DAVIES, EARLS, ELIAS, EVANS, EVANS, HOLLAND, KILCOYNE, LEE, MCNICHOLL, MURRAY, ODONNELL, OMAHONY, OWENS, PATCHELL, RAWLINS, RYAN, RYAN, SAILI, SCANNELL, SCANNELL, SHINGLER, STANDER, WILLIAMS, WILLIAMS, ZEBO

In the puzzle opposite, we've placed as many 'Jones' in as we can fit. But how many are there? We know how many - but do you?

Drop us an email with the correct answer to
royston@walesoncraic.com
before 20th March 2021 and you could win yourself £50

The Jones Challenge

```
P F P W X W G Z T D I S E N O J G S J J O N E S L Q P X I M
S S J N J O N E S E N O J Z I O X S E O F P L R B M K O J H
A E R Q U O S S E N O J S U Y N O R S N N V S U S E N O J Z
U N N I A S L E M S O Q E Q X E H X J Y O E S S E N O J K V
T O D O V V E X N N J O N E S S J S O G O J S O S E N O J A
F J P S J E C N E Q U O J T E E N L N V R G S E N O J M
D F S E P J E S O F J O J T O N F N E J K E D A S A S D Z L
E Y E N E E O E N J J I D G O N J O S I O C U E W V E L Q L
P D N O V K T N J O N E S J Y J E J T S V N N R O J N S A Q
Z D O J B C X O E B J O N E S A S S A E Z O E Q L O O E U H
X R J R Q Q Q J C S S T U D P I E R V N J F C S I N J N P X
I T X U M X Q A R W E S J A Y W N W J O Y B J O N E S O N T
J V M N J K S O U E N D E O R D O K O J A O E J C S K J X I
O P U O I E B X L L O Z Z N N Y J W N L N Z O J C C K J A F
N L N W N Z O H S Y J C Z D O E N N E E M N Z O M P P I Q J
E E J O N E S W O E S E N O J J S A S S E E F N Z S E N O J
S S J D W S J D V F K N K B X S S E N D S J W S E P J O N E S
X E E O E O M R S E N O J J E E S P M J O D G S X L J Q O K
E N R N N J O N E S W P J N N Q S N N N R F E Q O U A H S
Q O O E O R S E N O J O O S O O O Q D J X E G S R N S E N O J
R J S V C J I I W J N J L E J J J O N F S L J E O R P S J N
J X N N J O N E S E N O J F S N K R R X R S O N K Q E O S
P U W S I C D K S O J O B O L E H J O N E S O E N O M N N E
D F S E N I Y Z J O V C J J S N F M I L R V Q X N E J O E N
L H E N H X S O N S E N O J Y O N S E N O J W J T O S J S O
S E N O J C N E T F U J N E D X P X S O K F R J C N J S O
S A O J H E S Z U R J T E I J J O N E S E N D S E N O J Y H
R K J B S P J O N E S M S E N O J R O N E E L S E N O J V G
E S W T Y H S Q B U Z A N S E N O J O S R T C E R S E N O J
J O N E S Y U N K J O N E S E N O J S E N O J V B N J B X I
```

**More available at
www.walesoncraic.com/shop**

We have done our best to ensure the contents of this book are factually correct. Please get in touch if you have spotted an error.

No portion of this publication may be reproduced or transmitted in any form or by any means, electronic or mechanical, including, but not limited to, audio recordings, facsimiles, photocopying, or information storage and retrieval systems without explicit written permission from the author or publisher.

Printed in Great Britain
by Amazon

51554221R00041